시간을 지워도 그리움은 남는다

seein시인특선0063

# 시간을 지워도
# 그리움은 남는다

김정필 제2시집

문화발전소

**시인의 말**

눈 크게 뜨고 귀를 열고 살아도, 넘어지고 깨지고
가던 길 다시 가고, 쉬운 길 돌아가고

어찌 피할 수 있으리
남은 길도 날마다 초행길인 것을

노래 부르듯 음역 안에서 내 가락을 찾아
쉴 데 쉬면서 내 리듬에 맞춰 살아야지


이 시집에 실린 시들은 20여 년을
해외에서 떠돌이로 떠도는 동안
바다와 모래 물결을 바람처럼 넘나들던
그리움의 흔적들입니다.

                                              2022년 봄
                                              김정필

**목차**

시인의 말 ——— 5

## 1부

봄이 오는 길 ——— 12
벚꽃 ——— 13
살구꽃 피는 날 ——— 14
꽃들이 세상을 바꾼다 ——— 15
각시붓꽃 ——— 16
물푸레나무 ——— 17
아카시아꽃 ——— 18
오디 ——— 19
금계국 ——— 20
여름 오후 ——— 21
그 해 칠월 ——— 22
토끼풀꽃 ——— 24
칡꽃 ——— 26
칸나 ——— 28
능소화 ——— 29
메밀꽃밭에서 ——— 30
사과 ——— 31
호두나무밭에서 ——— 32
가을나무 ——— 34
가을 산에 올라 ——— 35

모과 —— 36
늦가을 아침 —— 38
겨울나무 —— 39
구름정원 길 —— 40


## 2부

가수원 연가 —— 44
고향 소식 —— 45
먹 갈기 —— 46
작은오빠의 팽이 —— 47
바람과 어머니 —— 48
아버지의 시계 —— 49
겨울에 떠난 사람 —— 50
그대의 뜰 3 —— 51
그대의 뜰 4 —— 52
다시 걷고 싶은 언덕 —— 53
바람에 부치는 편지 —— 56
지워지지 않는 풍경 —— 58
큰오빠의 하늘 여행 —— 59
겨울 나그네 —— 60
언니를 보내며 —— 62
낡은 집 —— 64

## 3부

광장에 갇히다 ——— 68
들꽃처럼 새처럼 ——— 70
하늘로 떠난 작은 새 ——— 71
깃발 아래서 ——— 72
달항아리 ——— 74
독감 ——— 75
마애여래불 ——— 76
지금 여기 ——— 77
철모르는 꽃 ——— 78
포구에서 ——— 79
어느 날 오후 ——— 80
연꽃차를 마시며 ——— 82
요양병원 ——— 84
코로나바이러스 ——— 85
공평의 마법사 ——— 86
가방을 떠나보내며 ——— 88
살다 보면 ——— 89
경복궁의 봄 ——— 90
이렇게 사랑하기는 처음 ——— 92
진고개 길 ——— 94
비움과 내려놓음 ——— 96
옥녀봉에서 ——— 97

살아가는 일 —— 98
팥죽과 역병 —— 100
세월의 무게 —— 101

## 4부

아가야 미안하다 —— 104
향수 —— 106
그리움 —— 108
인연 —— 109
별 —— 110
아크라 비치 —— 111
노간주나무를 보며 —— 112
나무화석 —— 114
클립톤 비치 —— 115
갠지스 강의 풍경 —— 116
물총새 —— 117
히말라야를 바라보며 —— 118
남국의 아침 —— 119
얼룩말 —— 120
코끼리 —— 121
말레이시아의 밀림 —— 122
보스턴 —— 123

월든 호수에서 ——— 124
에버글래이즈 ——— 125
타샤의 정원을 꿈꾸며 ——— 126
장미꽃과 노동자 ——— 128
적도의 땅 ——— 129
지구대 ——— 130
암보셀리와 킬리만자로 ——— 132
소금사막 ——— 134
나일강 ——— 136
오지 ——— 138
사막에서 제야를 ——— 140
불의 사막 ——— 142


**평설**
그리움의 시학, 발견의 감각
김정필의 시 세계 - 한상훈(문학평론가) ——— 143

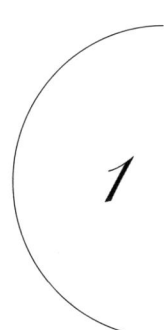

## 봄이 오는 길


나무는 왜 그리
모진 추위에도
시린 몸 들썩이며
바람 들고 싶어 했는지

겨울 짧은 햇살은 왜 그리
두꺼운 미세먼지 헤살에도
강 얼음 녹이고 싶어 했는지

작은 새들은 왜 그리
차가운 눈밭에서
부리 박고
땅속 헤집으며 쪼아댔는지

이제 알 것 같아
바람 들지 않고
그리움 없이는
봄이 오지 않는 것을

언약 없이도 제자리 찾아오는 봄
지구별 한 바퀴 돌아서

오늘 기다려봐야지
언약하지 않았어도 찾아올 사람을

## 벚꽃

네가 꽃가지 흔들며
빛 고운 숨결로 속삭일 때는
첫사랑보다 더 설레고 떨리더라

터질 듯 눈부신 속살 안고
단꿈 꾸고 싶을 때
너는 벌써
저만치 달아나고 있더라

단숨에 찾아와
한숨에 스러져
미처 가슴에 새기지 못한
사랑의 밀어들
못다 꾼 꿈으로 흩어지더라

세상이 환하도록 휘젓고 간 몇 날
눈 감으면 아른아른
빈 가슴은 울렁울렁
언제쯤 멈출까
이 봄이 다 가면…

## 살구꽃 피는 날


밤을 새워 피운 꽃
새벽보다 먼저 밝아와
소리 없이 나부낀다

새소리 요란하게 드나드는
흐드러진 꽃 바라보며
눈자위 붉어지시던 할아버지
6.25 전쟁으로 자식 앞세운
아픔 있는 것을
그때는 왜 몰랐을까
아름다운 것에는
눈물이, 그리움이 있는 것을

긴 세월 큰 나무와
셀 수 없이 많은 꽃이어도
눈에 담았던 모든 것들
작은 가슴에 다 들어와 일렁이던 봄
마음에 한 번 심어지면
그리움의 샘에 빠져버리는 것을

나무 심고 살구 따주던 이
그리워
허공에 길 내고
별빛 건너고 싶은 날이여

## 꽃들이 세상을 바꾼다

겨울의 진자리
눈바람에 얼마나 담금질했기에
한 계절을 비운 사이
쑥대밭이 별천지가 되었을까

무지개빛 꽃들의 고운 숨소리
메마른 땅 촉촉이 적시고
거친 세상 향해 향기를 뿜어낸다

세상이 뱉어낸 온갖 악다구니
허깨비로 날아다니는 헛소리
아사리밭의 가시 같은 말
다 흩어지고 꽃의 말만 들린다

성난 귀 순해지고
핏발선 눈 맑아지고
팍팍한 가슴 열려
별처럼 그리웁고
햇살처럼 따사하게

소박한 꽃들이 세상을 바꾼다

## 각시붓꽃

가슴 먹먹하게 울던 사모곡도
세월 앞에 무디어져 뜸해진 발길
어머니가 나를 무덤으로 불러낸 것은
너를 만나게 하기 위함이었구나

선비 집안 칼칼하고 매운 시집살이
열다섯 살 어린 새 각시 설움
여기 다복다복 꽃무덤으로 돌아왔네

수많은 날의 기도로
이 세상 아픔 비워낸
보랏빛 꽃들의 고운 나비춤

작은 것 앞에 저절로 낮아져
무릎 굽혀 눈 맞추고
귀 기울이는 이 겸손을
무덤 속 어머니는
예순 고개 넘어도 철 안 드는 딸 가르치시네

미덥지 못한 철부지 딸
이제야 마음이 놓이시는지
어머니 각시붓꽃 옆에서 웃고 계시네

## 물푸레나무

어지러운 세상
눈 아프고
가슴 소란스러울 때

그대 서늘한 빛으로
아린 눈 씻고
가슴 푸르게 물들이고 싶어요

한눈팔고 산 철딱서니
세상 물정 모르는 청맹과니
그대 매서운 회초리로 종아리 쳐주오

긴 겨울 차디찬 눈바람 끌어안고
숨 가쁘게 물질해 키운
푸른 별빛 흐르는 나뭇가지
소복소복 새하얀 꽃송이
그대 향기로운 그늘에 쉬고 싶어요

## 아카시아꽃

가시에 얹은 세월
꽃타래로 늘어나고
송이송이 하얀 숨결
일렁이는 향기 바다

꽃 한 줌으로
꿈 심던 소녀
아직도 거기에 있네
언제나 그 봄처럼 서서

고목이 되도록 흔들린 세월
막아주던 불망의 땅

아늑한 고향 햇살로
익어가는 그리움
꽃바람 하얗게 날리면

## 오디

천둥 번개에 울던 꽃
아픈 살로 자라
피멍 든 가슴
제 숨결에도 흔들린다

꽃 더듬고
바람 가르던 새들
부리가 젖도록 속살 터뜨려
아픈 날 비워내면
눈물도 가벼워져
이별이 서럽지 않아

흰여울에 일렁이는 검보라빛 향기
산골짜기 돌고 돌아
낙동강 기슭
물새 우는 어딘가에 뿌리 내리면
뽕나무 한 그루로 자라서
떠나온 문경새재를
그리워하리니

## 금계국

눈바람 앙앙대는 빈터를 울리며
발아를 꿈꾸던 씨앗이
숨가쁘게 언덕을 오르고 있다

지천에 쏟아진 꽃별이
날빛 고운 하늘로 날고 싶어
금빛으로 팔랑거리면
반갑게 달려오는 여름

꽃바람에 배부른 하루가
노을로 익으면
저들도 외로움을 아는지
서로에게 몸을 기대고
밤하늘 별에 다가가는 저녁
서로에게 그리움으로 남고 싶은
별과 꽃이 함께 어울려 꿈을 꾼다

## 여름 오후

불볕에 목타는 나무들
한숨 토해내는 소리

낮달 구름에 기대어 졸고
나른한 나비 살포시 꿈꾸면
아기 업고 자장가 부르는 옥수수

노을 삼킨 구름
산그늘에 갇혀 서성이고
해그림자 뒷걸음치면
바삐 제집 찾아가는 땅강아지

종일 늘리던 게으름 털어내는
서늘한 바람 한 줄기
분꽃 피는 뜰에 나가
어둠 내리는 풍경을 보리라

## 그 해 칠월


활활 타오르는 여름이
꼭짓점을 향해 달려간다
나무는 무성한 잎 그늘로
타는 꽃잎의 숨길 열어주고
열매들은 밤낮을 쉬지 않고
둥글게 무게를 늘린다

매미는 깊은 땅 어둠 속에서
십여 년 연마한 노래로
온종일 짝을 불러댄다

지금 어머니는 고향 집 뜰
해바라기처럼 서서
나를 기다리고 계실지 몰라
생일 밥상 차려놓고
등 토닥여주시던 그 날처럼

무더운 칠월에 몸 푼 흔적
짊어지고 산 평생
돌아가시기 몇 해 전

내 양력 생일 짚어주시고
음력 생일 하루 전날 떠나신 어머니

무거운 세월 뒤집어쓴
이제야 서러워져 쏟아내는 눈물
슬퍼하지 마
모두가 철들기 위해 꼭짓점으로 달려가는 거야
그곳에 닿아보아야 익어지는 법을 알게 되거든

## 토끼풀꽃


길섶의 낮은 자리에
토끼풀꽃이 한창이다

토끼처럼 깡총대며 꽃 한 움큼씩 따내도
꽃의 빈자리가 보이지 않던
풀밭에 나붓이 앉아
꽃으로 엮은 꿈 머리에 얹고
깨알처럼 쏟아내던 웃음
꽃향기 실핏줄에 촘촘히 박혀
가쁜 숨 몰아쉬며 취하던 한낮

어느새 아득히 놓아버리고
나도 모르게 키운 무성한 분별심

한 뿌리라도 더 뻗어가려고 안간힘 쓰던
토끼풀의 아우성에도
왜 잔디밭에는 꼭 잔디만이어야 했는지
왜 꽃밭에는 풀꽃은 안 되고
꼭 이름난 꽃이어야만 했는지
지워도 자꾸만 돋아나는 그리움은

왜 잡초처럼 꼭 뽑아버리려고만 했는지

눈 가리던 분별심 이제야 뽑혀
칭얼대던 그리움도 고요해지고
지천에 깔린 토끼풀꽃과
세 잎 클로버에 행복해지는 시간
가끔은 네 잎 행운도 만나는 이 기쁨
오래 머물기를

## 칡꽃

그 겨울 서슬 퍼런 산꼬대에
산이 쩌렁쩌렁 목놓아 울던 밤
시린 몸 은하에 기대고
달과 별 품은 이야기
쏟아내는 보랏빛 나비꽃

물소리 찾아 산골짜기 기웃거리고
바람 따라 허공에 손짓하고
산새 날아와 울면
울음소리도 감아 우듬지로 달려간다

천년 헤아리며 늘린 무게
뿌리에 깊숙이 박고
한번 맺은 인연 칭칭 동여매서
산자락에 펼쳐놓고 천년만년 살렸더니
시름시름 앓아누운 사랑

집착이 사랑 잃게 해도
멈추지 못하는 눈먼 사랑
오늘도 인연 찾아 온산 헤맬 때

하늘 구름 물 모두 가벼이
제 갈 길로 가고 있음을 보고야
얽히고설킨 인연 내려놓고
우주의 모든 소리 품어
뿌리 더 영글게 키운다

## 칸나


그늘 없는 칠월의 불볕에
빨갛게 달아올라
낮꿈 꾸는 오후

소총 맨 아프리카 병사처럼
붉은 깃발 높이 휘날릴
혁명을 꿈꾸는가

한여름 펄펄 끓는 햇빛만큼
붉게 타오를 사랑을 꿈꾸는가

백일몽이라도 한 번쯤 꿈꾸고 싶다
거짓 세상에서 벗어난다면
푸른 수의인들
또다시 가슴 설레게 할 사랑이라면
아픈 상처인들 어떠리

불타던 꽃잎
고개 떨구는 지는 해 노을 속
꿈은 꿈일 때 행복한 것

# 능소화

올라가고 또 올라가
더 기댈 데 없는 허공에
헛손질 해 보고야
내려오는 꽃
해보지 않고는 견딜 수 없는
청춘 닮았다

한번 눈 맞으면
밤낮으로 사랑하고
생의 마지막까지 얽혀 살아도
다툼도 상처도 없이
제 자리 찾아
붉은 목숨 던진다

지칠 줄 모르는 젊음도
때가 되면 안다
비워야 그 사랑
다시 찾아오는 것을

## 메밀꽃밭에서

바람이 흔드는가
꽃이 흔드는가
내 마음이 흔들리는가

바람이 만지고 쓰다듬어
하늘하늘 부드러워진 꽃
작아도 모이면 큰 어울림
아무리 많아도 잘 어울리면 고요함

작고 여린 꽃에선
크고 단단한 씨앗
단단한 껍질 속에선
부드러운 속살

그대 몸 비운 껍질은
내 불안한 영혼을
밤마다 품어
잠재우는 안식처

오늘 봉평 장날에 와서
막국수 먹고
걸어보는 메밀꽃 밭길
하얀 꽃물결 속 멀리
허생원과 동이가 걸어간다

## 사과

가을볕도 모자라
바닥에 은박지 깔고
반사된 그 빛으로
더 곱게 붉어져 갔다

잿밥에 눈이 먼 새
그물 구멍에 줄줄이 목매단 포로가 되고
산짐승 쫓는 공포탄 소리
새벽부터 밤까지 쩌렁쩌렁 산 흔들어
숲은 몸살 앓았다

지금 나도 전투 중
소리도 모습도 보이지 않게
아주 조용히 덤벼드는 코로나바이러스에
넌더리가 난 지 오래

살벌한 전쟁터에서
빛 좋고 흠 없는 최상품이 되어
내게로 온 너
전쟁의 상흔 남았는지 살펴보며
서로 위로할 일이다

## 호두나무밭에서


살가운 주인 이별하고
첫가을 맞이한
수천 그루의 호두나무
봄 여름 내내 그리움 꼭꼭 채워
이제야 후둑후둑
참았던 울음을 터뜨린다

우수를 지났어도
바람살 그치지 않는 골짜기
별 내리는 뜨락에서
열사흘 차오르는 달 보며
친구들과 즐거웠을 그 밤에
슬며시 별이 되어 떠난 사람

그 산자락 끝 한 줌 재로 누워
사는 것 별것 아니니
연연하지 말라고
선한 눈빛으로 속삭이는데
호두에 눈 떼지 못하고
줍고 또 줍고

맑은 바람에 눈 씻어도
호두만 보인다

마음에 욕심이 있는 게 아니고
눈이 욕심이구나

## 가을나무

가을엔 한 번쯤 울고 싶었지
세상 물정 모르는 천둥벌거숭이
제 몸 불리느라 숨 가쁘던 시간
이제야 설움 쏟아져
천둥처럼 소리 내서 울고 싶었지

가을엔 한 번쯤 흔들려 보고 싶었지
오래 묵히고 삭혀서
목울대까지 끓어오른 방울방울들
실핏줄 타고 흐르는
몽롱함으로 흔들려 보고 싶었지

가을엔 한 번쯤 불타고 싶었지
숨겨둔 볼씨 껴안고 지나온 먼길
비바람에도 꺼지지 않고
얼음산 녹이는 활화산처럼
활활 불타고 싶었지

눈비바람 다 맞고서야 철든 사랑
이제는 모두 비워야지
그리움만 남겨놓고

## 가을 산에 올라


노을빛 불타는 숲이
등마루 타고 온 이야기 쏟아내면
갈빛 더 짙어지고
갈꽃처럼 흔들리는 영혼이 시리다

쑥부쟁이, 구절초 향기
흐르는 옹달샘
나뭇잎 배로 떠나는
외로운 영혼

햇살과 밤이슬에 비비고 뒹굴어
익어진 작은 열매
산새들 날아와 부리 쪯어대면
어느새 저녁놀 타는 소리

절정의 시간에 떠나도
사랑만은 남겨
다시 올 날 기약하나니

바람 지나가는 길목에서
날마다 기다리련다
산마루에 쏟아지는 가을 별자리
다시 돌아오는 그 가을밤까지

# 모과

그 봄
꽃잎 헤아리던 바람은 알았을까

세상 티끌, 눈비바람에
노심초사한 흔적
바람에 날리고 햇빛에 녹여
노랗게 남은 앙금
무서리에도 꺼지지 않는 향기가
가을 뜨락 한가득 타오르는 것을

못난이라고
보는 사람마다 수군거려도
단단한 속살 채워
제 몸 내어주는 것을

고운매
마늘각시에
갈채하던 젊은 날

이제야 나는 알지

향기가 으뜸인 것을
마음에 한 번 심어놓으면
삿된 생각 멀리 달아나
아껴둔 사랑
주저함 없이 나누게 되는 것을

## 늦가을 아침

무서리 내린 아침
골짜기 물소리 더욱 맑아지고
스산해진 바람 음계를 높여
가는 길 바꾸면
나무들 황혼빛 가슴 앓는 소리
빈터의 외로움 아는 소쩍새 떠나버리고
작은 벌레들 소리 없이 목숨을 던진다

겨울 채비로 분주했던 산사도
동안거에 들었는지
큰스님 기침 소리만 간간이 들려오고
텃밭엔 풀죽은 무청 몇 잎 오소소 떤다

비우고 버려서 돌아온 제자리
싸늘하고 차가운 땅에
침묵으로 흐르는 외로움

떠난 것이 그리워
서릿발처럼 아픈 생채기를 밟고
몸부림치며
또다시 채우고 부풀리는 것이 삶
대지는 봄의 씨앗을 품고
안간힘 다해 온몸으로 써레질을 하리라

## 겨울나무

빈 가지마다 삭풍 달고
성근 틈새로 달아나는
햇빛 잡으려
시린 손 마구 흔든다

서릿발 세운 추위
날 선 칼 휘두르는데
잔기침하는 어린나무
봄까지 견뎌낼 수 있을까

찬바람에 맨몸 곧추세우고
새벽 별 바라보며 묵언 수행
지나온 허물 지우며
제 살 깎아 몸 부풀리는 소리
나이테 늘리는 소리

꽃눈 잎눈으로 속삭일
그 봄 향한 가쁜 숨결로
맑아지는 세상이여

## 구름정원 길


사는 게 버겁고 막막해
누구에겐가 기대고 싶을 때
북한산 구름정원길 걸어봐요

봄 안개 속 걸어 나온 숲이
부풀어 오른 연둣빛 속살을 터뜨리며
곰실곰실 다가와 손 내밀어요

푸른 숨소리 늘리는 나뭇잎 사이
낮달 구름 타고 일렁이면
난장의 세상 아득해지고 하늘 세상이 보여요

나무들 제 몸 태워
꽃보다 고운 살 내주고 가는 길
저절로 가슴이 조금씩 비워져요

눈꽃 쉬어가라고 숨죽여 물질하는 숲속
산새도 찾기 힘든 자욱길 걸으면
바람 소리도 반가워 눈물이 나요

사는 게 다 그런 거지요
오르막길 숨차고
갈길 보이지 않아 막막해도
한고비 넘기면 먹장구름 흩어져
내리막길 보이고
산에 누운 바위처럼 마음 내려놓으면
버거운 세상도 웃으며 다가와요
우리 구름 흘러가는 길 함께 걸어봐요

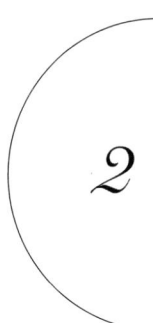

## 가수원佳水院 연가

갓 스물 지나 떠나와
다시는 돌아가지 못했어도
서리 머리 노을에 잠길 때까지
꿈속에 그리는

뒤란의 골담초꽃 앞뜰의 살구꽃
봄바람에 찾아오고
샘물 퍼 올리는 두레박 소리
가슴에 푸른 물 쏟아지는

고향하늘 참새 등 타고 와
어머니 쪽빛 치맛자락 펄럭이며
봉숭아 채송화 피워내
그리움 반딧불이로 날아다니는

밤하늘에 성호를 그리는 별똥별
줍고 싶은 꿈 꾸게 하는
뼈에 사무치고
피와 살 속에 흐르는 땅
흔들리는 영혼 쉬게 하는
영원한 그리움

## 고향 소식

금성골 돌무덤에 바람 웅성대며
아기 울음소리 내고
가는골 무당 할멈 무덤가에는
할미꽃 핀다는데

자운영 붉게 누비던 논자락에
하늘 높이 솟아오른 아파트
열려 있던 대문 닫아걸고
허공에 문패 건지 오래

오손도손 어우렁더우렁
담 너머로 고사떡 나누던 정
산골짜기로 달아나고
땅따먹기 고무줄놀이 하던 빈터
빌딩에 파묻혀 숨 막혀 운다는데

구불구불 솟아오르는 산봉우리
생글생글 다가오는 옛동무
그리워
창밖에 귀대고 바람 소리 듣는다

## 먹 갈기

어릴 적 할아버지께
먹 갈아드린다고 자청해놓고는
금방 팔 아파 한눈팔고 지겨워 딴전 피면
갈고 닦아야 사람 된다던 할아버지의
그 한마디 보약인 것을
눈멀고 귀먹어
그때나 지금이나
조금만 힘들면 주저앉기 일쑤

세상 비늘 다 털어내고 초연히 사시던 분이
먹물 다 마르도록 무얼 그리 빼곡히 쓰셨을까
모진 세상 만나 고향 등지고
자식 몇 가슴에 묻은 사연이었을까
일찍 떠나신 할머니께 건네는 사랑 편지였을까

한지 숨겨두던 할아버지의 보물창고
낡은 이층장 지금 내 방에서
문 열 때마다 묵향을 피워내고 있다
먹물처럼 고이는 먹먹한 그리움
이제는 먹 잘 갈아드릴 텐데
할아버지 너무 멀리 계신다

## 작은오빠의 팽이

그 겨울
곱게 화장한 팽이는
송곳바람 휘젓던 빙판 위에서
오빠가 휘두르는 닥나무 채 아픔에도
쓰러지지 않으려 안간힘 썼다
때릴수록 맞을수록 열을 내며
더 빠르게 더 매끄럽게
춤추는 팽이를 따라
오빠 눈에는 별빛이 반짝였다

외바람치기의 고달픈 세상살이
낯선 땅 새 궤도를 찾아
쉼 없이 자신을 매섭게 채찍질했을
그 세월이 저어놓은
오빠의 깊은 주름살 위
빠르지도 느리지도 않게
너울거리는 꽃 한 송이

아직도 가슴 한구석에
귀향의 꿈 걸어놓고
팽이는 지금도 돌고 있었다
뉴욕의 한 모퉁이에서

## 바람과 어머니


안방에서 바느질하시던 어머니
찬바람에 문풍지 울면 눈꼽재기창으로
바람길 살피며 이불 여미어 주셨습니다

해진 옷 꼼꼼히 꿰매며
서럽고 매운 시집살이도 견뎌냈건만
한 오라기 바람에 잡혀서
바람머리 어질머리 가슴앓이한 평생
살 헤집고 뼛골 녹이던 아픔에도
바람으로 숯 피워 다림질
끼니때마다 풀무질
여름밤마다 부채질

가위로 마름질하고 싶다던 그 고통
당신은 마침내 작은 세상에 갇혀
오가는 이가 묻혀오는 바람만으로
담 너머의 세상을 만났습니다

바람으로 앓다가 바람으로 떠나신 당신은
늘 바람으로 제 가슴에서 울어요
어머니 오늘도 바람
제 가는귀를 붙잡고 그날처럼 울어요

## 아버지의 시계

아버지는 평생
고장도 쉼도 없는 시계처럼 일하면서 사셨다
힘겨운 마지막 삶 잠시 병원에 내려놓았을 때
오빠에게 풀어준 시계는
아버지 떠나시고 얼마 안 가서 멈췄단다
아버지의 고물 시계는
외국에서 늘 가슴이 헛헛한 오빠에게는 보물
내게 고쳐달라 부탁했는데
아직 용한 의사를 만나지 못했다
주인 없는 세상
시계도 더 살기 싫었나 보다
시계는 내 옷장 서랍에서 잠자고 있는데
영혼은 이미 하늘나라 가서 아버지 곁에 누운 건 아닌지
가끔 서랍을 열고 아버지를 만난다
오빠도 만난다

## 겨울에 떠난 사람


눈발이 흔들려
땅과 하늘의 경계를 허물 때
삶과 죽음의 경계도 풀려
바람도 건너지 못하는 곳으로 떠난 사람

빈틈없이 반짝이는 금강석
사철 푸른 상록수로 살았어도
떠날 때는 걸림도 망설임도 없이
흩어지는 눈발이더라

눈빛 오간 세월만큼
말의 깊이만큼 아파질 그리움
돌아오지 않을 기다림에
지쳐갈 시간이 두려운 지금
잊지 말라 말하지 마시게

보이지 않는다고 잊혀질까
떠났다고 그립지 않을까
지우고 지워도
가슴에 들어와 웃고 있는 사람

## 그대의 뜰 3

바람에 갇힌 그대의 뜰
그대의 위태로운 외줄타기
땅이 하늘 되고 하늘이 땅이 되네

하늘과 땅 아무리 높고 넓어도
막다른 골목은 닫혀 있어
외로움으로 헤매던 낯선 시간

거칠 것 없이 달려가는 세상
바라본 만큼 커진 아픔
껴안고 달래도 툭툭 터져 나오는 상처들

삶 속으로 아무리 잡아당겨도
운명 속으로 끌려가는 그대
지금 삶과 죽음 사이 어디쯤 있을까

시름 깊은 그대의 뜰
별빛 무심한 밤은 길어라

## 그대의 뜰 4

그대 뜰에 낙엽 흩어져 내리네
장醬 가득 담고 반짝이던 항아리
지금은 텅 비어 바람만 웅얼거리네


젖은 나무를 태우고
가시를 삼키며
땅보다 낮은 하늘로 살던 그대


발 묶고 입 닫아걸고
실낱같은 소망도 접고
박제처럼 누워


제 살점 떨어져 나가는 아픔도 잊고
날마다 가까이 오고 있는
하늘 세상 기다리네


그대 기도 소리 멈춘 빈 뜰
갈바람에 함께 우는 달

## 다시 걷고 싶은 언덕
―성모여고 개교 50주년에 부쳐

반세기를 고이 접어둔 인연들
햇빛도 바람도 들지 않는 곳에서
고요히 잠자는 기억들 단박에 깨운
성모 개교 50주년 종소리

노래 한 소절에 마음 앓고
싱거운 이야기에도 깔깔대며 간지럼 타던 우리
햇살만큼이나 밝고
봄꽃처럼 순수하고 풋풋했었지

비릿하고 시 떫은 영글지 못한 열매
아직 갈고 닦지 않아 거친 원석인 우리
무한한 가능성과 푸른 꿈의 나침반 따라
먼 항해를 서둘렀지

강에서 바다에서
우리는 얼마나 많은 파랑에 흔들렸을까
욕심 내어놓고
편히 쉴 항구를 찾고 있지 않을까

급훈도 교훈도 다 지워지고 남은 단어들
청결, 자율, 정직
최고 좋은 시설의 학교에서
안락함 누리는 대신
교실 화장실의 청결함과
사물함 속 물건들 크기와 각을 맞춘 정리정돈으로
서툰 몸은 늘 긴장했었지
머리는 언제든지 단발머리에서 갈래머리로
소풍과 수학여행 때의 자유 복장
믿음과 양심을 시험하던 무감독 시험
나의 결벽증은 그때 비롯된 것은 아니었을까


수녀님에 대한 호기심과 궁금증이 지나쳤을까
삼 년 내내 수녀님이 담임 선생님이셨지
엄격한 규율이 귀찮은 속박으로
수녀님들 관심이 지나친 간섭으로 느껴지던 그 시절
그것이 사랑이었음을 그곳을 떠난 후에야 알았지
단아한 기품으로 자애롭던 프란체스카 수녀님
잃어버린 고향의 아련한 잔상처럼 남아있네

동무들아

우리 그날처럼 서로 손 잡고 어깨를 맞대며

성모 언덕을 걸어보지 않으련

서릿발 내린 머리카락 나부끼며

주름살에 새겨진 반백 년 이야기

도란도란 나누며

서로 공감도 하고 위로도 하면서


교실 옛 자리에 모여 앉아서

흩어지고 삭아져 빛바랜 조각들 찾아

곱게 색칠해 보자꾸나

노을 어디쯤에서

그리움으로 꽃 피울

추억을 만들어 보자꾸나

## 바람에 부치는 편지

아지랑이 아롱아롱
수줍게 속살거리며
간지럼 태우는 봄
배롱나무처럼 흔들리더라

뻐꾸기 울음도 뜨거워
숲 그늘에 몸 낮출 때
언덕 위 여윈 달맞이꽃
낮달 껴안고 졸고 있더라

소쩍새 부엉이 밤새워 울고
풀벌레도 쉬지 않고 우는 날
나무들 단풍 꽃불 당겨
저무는 가을을 밝히더라

플라타너스 마른 가지에
하얀 눈꽃이 피고
긴 침묵에 잠긴 가로수길
발자국 소리 들리더라

계절 건널 때마다
우우 쏟아지는 바람

바람 아무리 분들
어찌 다 채울 수 있을까
아무리 비워낸들
바람 어찌 남지 않을까

어스름 내리는 저녁
그리운 이에게
못다 쓴 편지를 쓴다
바람이 흩어버리고 말….

## 지워지지 않는 풍경
―반 고흐를 생각하며

화폭에
별 한 무더기 쏟아지고
해바라기꽃 활짝 필 때도
외로웠나요

낮은 언덕을 넘는 바람에
부드러운 입김 쏟아내는
사이프러스 나무숲과
물결치는 노란 밀밭에서
자고새 울었나요

세상에 쏟아져 요동치는 빛
환희 열정 허무 고독 절망...
빛나다 엉키다 사라지는 빛의 허상에
흔들리던 날에도 별은 빛났나요

푸른 별빛으로
흩어지는 바람으로
떠난 노을 속
그대 쓸쓸한 발자국 소리 들리는
노란 밀밭과 총총한 별밤을
아직도 꿈꾸어요

## 큰오빠의 하늘 여행

세상 묵은 때 다 닦아내고
겹겹이 명주옷 걸치고
마디마디 매듭으로 묶여
멀고 먼 길 떠나는 길목

눈 막고 귀를 막아
이승의 이야기는
더 듣지도 보지도 말고
모두 잊으라 한다

살아온 생
모두 버리라고
불벼락 내려
재 한 줌으로

큰 오빠는
이생의 무거운 짐 벗고
눈물 강 건너
파란 시월의 하늘로 들어가셨다

## 겨울 나그네

세상 어느 모퉁이를 헤매다가
이렇게 멀리 돌아와
겨울 한가운데 서 있네
별빛 눈 맑음도 레몬 향 상큼함도
다 지워버리고

잃어버린 세월 너머
얼마나 많은 바람 지나갔을까
상고대로 서서 봄 기다리던
겨울나무 보았을까
노랫소리로 흘러가던
계곡 물소리 들었을까

만남이, 이별이
외로움 되고
그리움 되는 것을
알지 못했던 소나기 첫사랑에
그리움은 남았을까

시린 눈바람 속

빈 몸으로 서성이는 나그네
아직도 길 찾지 못한 서러운 저물녘

*나는 종종 길을 잃곤 했지만
 어디로든 길은 뚫린다네
 강물이 바다로 흐르듯이
 모든 슬픔도 그 끝이 있으리

*슈베르트의 가곡 겨울 나그네 중 일부(뮐러의 시)

## 언니를 보내며

실낱같은 그대 목숨
불꽃으로 사르고
하얀 옷고름 풀어
뜰에 묻었다는 기별에
헉헉 숨 막히던 가슴
황홀하게 바라보던 시월의 단풍 숲은
어느새 피눈물로 얼룩집니다

이미 몇 해 전
고통의 깊은 늪을 헤맬 때
아버지 무덤가로 돌아오고 싶다던 그대 바람이
이국 하늘가를 맴돌다가
행여 이곳에 오시려는지
유리구슬 같은 하늘을
요지경 속처럼 바라보고 또 바라봅니다

당신 없이는 다시는
행복한 가을이 될 수 없음을
이제 바람 한 점으로도 만날 수 없는
그대와 나 사이의 높은 문턱으로

그리움만 넘나듭니다

오늘은 슬퍼 울어도
다음 생에 또다시 언니로 만나
못다 한 사랑 나눌 수 있다면
그날은 해후의 단춤을 출 것입니다

다시는 수천수만의 번민들로
작은 가슴 푸서리가 되지 않기를
이제 당신 찾아가는 세상엔
바람도 아픔도 없는 곳이길 빌고 또 빕니다

## 낡은 집

대문도 다 낡아 떨어진 집 뜰에
살구꽃이 지고 있었다
잡초 무성한 마당엔 풀꽃 여기저기
숭숭한 처마에 한살림 차린 새들
꼬물대는 새끼 품고 있는 고양이
거미는 기울어진 문설주에 줄 걸고
비단실을 뽑아내고 있었다

어지러이 허물어지는 집처럼 늙을 일밖에 없는
나이를, 주름진 얼굴을 덧분으로 감추며
아직도 욕심 비워내지 못하는 내 모습에
문득 노을처럼 붉어지던 얼굴

괜찮아 괜찮아
낡은 집에도 꽃 피고 새가 울잖아
아직은 무언가 남아 나눌 게 있잖아
버릴 것 버리고 마음 내려놓고 살면 돼

머잖아 비워질 내 마당에
어떤 새 찾아올까

무슨 꽃 피워볼까
꽃 피면 새와 벌 날아올까

푸른 산빛 아득히 멀어지고
나뭇가지에 걸린 초승달 그림자놀이 하는 저녁
옷자락에 휘감겨오는 어둠이 두렵지 않았다

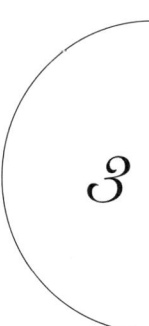

## 광장에 갇히다


북악의 막새바람
광화문 거리를 헤맨다

아무리 거센 물줄기 쓸어가도
모래톱이 남듯
거짓이 태산을 덮어도
진실은 살아
광화문으로 광화문으로
분노의 함성
자유의 깃발
어둠에 묻히고 광장에 갇혀 버렸다

어디로 가야할까
세종대왕께 길 물어도
말문 막혀 입 다물고
이순신 장군께 구원을 청해도
칼 휘두르지 않는다

아무도 가르쳐주지 않는 먼길
눈보라 비바람 속을

깃발에 진실을 걸고
목놓아 외치는 사람들

어둠 밝혀 줄 마지막 남은 불꽃
꺼지지 말고 활활 불타올라라

광화문이 앓고 있다

## 들꽃처럼 새처럼

이름 모를 들꽃으로
마음대로 우는 새처럼 살았으면
웃음 속에 눈물이 흐르겠느냐

모진 바람의 소용돌이
진실을 가슴에 묻고 가는 사람
맨몸으로 고통을 안고서도
울지도 못하겠느냐

들꽃처럼
새처럼 살았으면
오늘만큼 서럽겠느냐

비튼 진실로
죄를 걸어 포승줄 묶고
옥문을 닫아걸어도
진실은 숨 쉬어 틈새로 빠져나오리

## 하늘로 떠난 작은 새

비상의 본능을 거스르지 못한
작은 새 한 마리
이 층 거실 유리창으로
돌진해왔다

단번에 날갯짓을 멈춘 새는
신음도 없이
재빨리 생을 비워내고
영혼의 자유를 찾아
멀리 떠났다

슬픔을 놓아버리려
더 높이, 더 빨리 나르는
남은 새 한 마리
땅 위의 무상함을 보고 있다

## 깃발 아래서

온종일
사람들이 파도 더미로 밀려 다녔다
함성이 바다처럼 출렁거렸다
깃발이 태극이
지치지 않는 바람으로 펄럭였다

태풍 지나간 하늘엔
초승달이 걸리고
익어가는 은행 냄새 쿰쿰한 나무 아래서
배고픈 저녁을 보냈다

들꽃바다, 갈대숲의 개개비 소리
철새 지나가는 하늘 바라보는 호사를
몇 년이나 저 멀리 보내버린 가을
안락함 떠나버린 자리에
끝 모를 아픔과 걱정이 스멀거리고

지금 어디로 흘러가고 있는지
어디쯤 와있는지
길 잃은 군중 속에서

외롭게 떠다니다 선

하늘은 알고 있을까
진실을 외치는 사람들의 절박함을
불안한 미래를

목젖까지 차오르는 슬픔
목 안으로 끌어당기며
어둠 속에서도 자유롭게 펄럭이는
깃발 아래 우리가 서 있다

## 달항아리

너무 매끄러워
바람도 미끄러지고
망상도 밀려난
텅 빈 항아리
반야심경 한 구절 껴안았다

퉁소 불고
거문고 뜯은들
그 무심한 소리보다 심오할까

백 년을 삼킨들
천 년이 흐른들
하얀 미소 사라질까

달항아리에 새긴 세월
살며시 밖에 나와
달빛에 토해내고 있다

## 독감

바이러스가 몸에 둥지를 틀고
근육과 관절을 비틀면
몸은 볼품없이 허물어진다
콧물, 재채기, 기침, 귀울림, 오한…

고열의 혼수 언저리에서
소리도 불꽃도 없이 타는데
솜이불을 뒤집어쓰고
병든 여우 울음소리 닮은 신음 내며
가물거리는 신기루 속을 걸어가고 있다

소금 몇 알에 형체도 없이
사라지던 민달팽이
녀석도 나처럼 타오름을 느꼈을까

나는 이제까지
몸보다 마음 아픈 것 경계하며 살았는데
얼마나 큰 사치였는지

## 마애여래불

삼각산 깊은 골에
큰 바위 머리에 이고
천년을 홀로 서서
푸른 물소리 듣고 있네

긴 세월 비바람에
장삼 옷깃 닳았어도
그윽한 미소 변함없네

여래의 깊은 뜻
병풍바위에 정 두드려
미소 그려낸 그이

솔잎 스치는 청아한 바람 소리
여래의 숨결인가
골짜기의 맑은 물소리
그이의 망치소리인가

## 지금 여기

운판雲板의 구름 흩어지고
목탁 소리 도량을 채운다
염불로 업장 소멸
백팔배로 번뇌 씻어도
망상은 눈앞에서 오락가락
낭떠러지는 발아래서 간당간당

연지에 잠긴 연꽃 향기
솔바람에 날아든 새소리
삿된 생각 달아나고
맑고 고요해지는 마음
지금 여기는 극락정토
자비로운 여래의 미소 번지는…

## 철모르는 꽃

봄날 아직도 멀었는데
피어난 개나리
찬바람에 떨고 있다

날씨도 세상도
오락가락해서
때맞춰 피는 걸 헷갈렸을까

영글지 못한 철부지 사랑이
서러운 것처럼
눈바람에 생채기 남을 꽃잎

잃어버린 시간이 그리운
영혼이 떨고 있다
다 철모르는 탓이리라

## 포구에서

바다는 눈썹달을 품고
파도는 바위로 달려가네
높이 솟아오르는 물거품
저 멈추지 않는 울음소리

갯바람 뒤척이는 포구에
잡혀 온 물고기들
파랗게 질려 부릅뜬 동공에
쏟아지는 물빛 하늘
꿈틀거리는 몸뚱어리 눈을 감지 못하네

그물 구멍으로 행여
인생이 빠져나갈까
세월이 달아날까
도시에서 젊은 한때를 탕진하고
빈손으로 돌아와 방황할 때
바다는 어망에 물고기 가득 채워 주었다네

주름진 그 세월에 등이 휜 어부
낡고 해진 그물을 매만지며
들려준 인생사
내 가슴에 파문을 일으키며
유채꽃 노랑물 풀어내는 바다로
흘러흘러 꽃 물살로 출렁이네

## 어느 날 오후


세월이 덧칠해 놓은 주름살 위에
햇살이 쏟아진다
눈물샘 파는 시린 눈
짓무른 눈 가장자리

아직도 끝나지 않은 언약
옹이로 박혀
손가락의 무게를 늘린다

하이힐 신고 수십 개의 계단 오르내려도
숨차지 않던 다리는
지팡이 짚고도 중심 잡기가 힘들어
바람개비처럼 흔들린다

의미를 헤아리지 못한 채
허공에 흩어지는
할머니와 내 선문답 놀이는 싱겁게 끝나고
벤치 위 화석처럼 앉은 할머니께
눈인사 건네고 돌아서는데
부르는 목소리

잘 가라고 손 흔든다

살과 뼈 곳곳에 새겨진
한 무더기 이야기도 곧 비워져
하늘로 돌아갈 땐 검불 한 줌 될 듯

보일 때까지 보고지고
들릴 때까지 듣고지고
마음에 남은 앙금 다 녹이고 허물 씻어
나들이하듯 먼길 가자고
다짐하며 집으로 오는 길
빛고운 노을이 뿌옇게 보인다

## 연꽃차를 마시며
―강릉에서


경포호 바람 스치고

맑은 햇살 다가오니

백자에 뜬 꽃봉오리

기지개 켜며 환히 웃는다


목숨 생으로 잘려도

물 바람 햇살 있으면

다시 피는데


허난설헌이 여인으로 살아야 했던 조선은

별 보이지 않는 어둠 속

연꽃 향기 붉은 가슴

시로 녹여내도

벗어날 수 없는 인습의 굴레

슬픔이 꽃이 되고 시가 눈물 되어

그리움 일렁여도

초당의 바닷바람은 너무 멀어라

자식 잃은 고통

살과 뼈 다 허물어

스물일곱 꽃송이 붉게 흩어졌어라

꽃은 이미 알고 있었을까
생살 앓던 아픔도 오랜 세월 흐르면
꿈처럼 아득해지는 것을
시로 삭힌 속울음 아무리 애절해도
가물거리는 아픔인걸
그저 꽃물에 흐르는
그 눈물과 향기 마시며
꽃으로 시로 만나야 하는 사람
설움에 목이 메인다

## 요양병원

이승과 저승의 환승역에서
이 세상 호사도 가난도 다 벗고
모두 같은 옷 입고
똑같이 벽에 갇혀 하늘 향해 누워 있다

웃음과 슬픔의 의미를 잃어버린 지 오래
중심을 잡아야 할 추가
시간과 제 자리를 잃고
제멋대로 흔들려
먼 안드로메다를 헤맨다

아무에게도 다가가지 못하는
메마른 입술 속 언어와
희미한 시력 사이로
꿈처럼 가물거리는 아득한 잔상들

이제껏 묶어놓은
고리를 끊어 내는 아픔
영원을 향해
남은 시간을 지우고 있다

## 코로나바이러스

어쩌다 잠깐 한눈팔면
애인도 아닌 그가
주름진 세월로 침침해진
눈을 들여다보고
푸석한 머리칼을 쓰다듬으며
메마른 입술에 키스할 것 같아
곁눈도 주기 싫어

세상에 무서울 게 없는 그가
유령처럼 모습도 보여주지 않고
가는 곳 어디든지 종일 따라다녀
그가 나를 쫓아다니는지
내가 그를 찾아다니는지
이제는 나도 헷갈려

나날이 부풀어 오르는 의심과
두려움에 떠는 일
이제 나도 지쳤어
마스크도 거리두기도 싫어
나는 자유를 원해

## 공평의 마법사

그는 사람을 좋아한다
늙은이 젊은이 그리고 아이
남녀노소 지위고하를 가리지 않는다
대통령에게도 도전하고
총리에게도 딴죽 걸며
노숙자에게도 빌붙는다

아무도 모르게
살짝 무단 침입하여 자리를 꿰차고
처치하기에 좋을 만큼 숙성시킨 다음에야
큰 소리로 노크한다

잘 훈련된 정예병사처럼
재빠르게 기습하면
말짱하던 인생
갑자기 쾌속 열차를 타고
어둠의 골짜기로 달려간다
혹자는 터널에서 나오기도
혹자는 터널에 영원히 갇히기도 한다

공평이란 주문을 외며

공평을 자꾸 차별로 만드는 사람들

귀와 눈과 가슴이 없이도

인간 세상 다스리는 공평의 마법사에게

공평을 자문 받으시기를

## 가방을 떠나보내며

오늘
오천 원짜리 티켓 한 장으로 그대를 보냈네
오랫동안 천리만리 짐 들고 따라다닌 대가가
고작 오천 원이라니 너무 미안했다네

온갖 자잘한 삶의 조각들을
몸통이 터지도록 꾹꾹 눌러 담아도
그대는 잘 견디며 묵묵히 따라다녔지

그동안 그대 선배들은 싼 전별금도 없이
낯선 땅 아무 데나 버렸는데
오늘은 마음이 저리고 아파서
그대 몸 쓰다듬고 문지르고 눈물까지 흘리며
몇 번이나 뒤돌아보았네
이리저리 쏘다니다 세월 다 가버려
이제 더는 그대 큰 몸 앞세우고
먼길 떠날 일은 없을 것 같아
우리 동행의 유통기간이 다했기 때문이지
그대 보내는 쓸쓸하고 아픈 마음
부디 헤아려 주게나
안녕 그대여

## 살다 보면

남이 흘린 말
명치 끝에 걸려
꽁꽁 앓는 새가슴

속엣말 품고만 살 수 없어
터져 나오는 옹알이
바람이 달려와 냉큼 삼킨다

말말말 모든 말
보약으로 삼켜
마음 밭에 뿌리면
꽃향기 나고
별 반짝이는 시가 될 텐데

내 마음 알았을까
바람이 슬며시 다시 건네주는
나의 옹알이

## 경복궁의 봄


일본군 군홧발에 짓이겨져
바닥에 넘치는 피눈물
터져 나오는 울음소리
치마폭으로 감쌀 때
왕비의 나비잠에서 흐느끼던 나비
어디로 갔을까


꽃처럼 화사한 봄나들이의 웃음소리
궁녀들 넋 달아 난 그날처럼
빠르게 빠져나가는 오늘


오백 년 사직이 한꺼번에 으스러지던
그날을 잊고 사는 것처럼
자유 잃어가는 오늘의 아픈 이야기도
그저 세월의 물결에 맡기고
기억을 지우며 사는 무심한 세상


향원정 작약꽃에 나비 너울거리고
나무 우듬지에서
까치는 새끼 길러내느라 분주하다

봄 되면 잊지 않고

꽃으로 잎으로

피워내는 나무들만이

오늘의 비통함을 기억할 것이야

## 이렇게 사랑하기는 처음


무엇을 해도
어디를 가도
누구를 만나도
다 시들해질 때

반짝이는 샛별
보송보송 햇솜 같은 네게
홀딱 빠져
만나기도 전에 가슴 설레고
보면 좋아서 실실대고
잠시도 눈 떼지 못하고 쩔쩔맨다

날마다 다른 얼굴로
배냇짓 옹알이 하품 딸꾹질 재채기 기침
뒤집기 배밀이 엉금엉금 기기 홀로 앉기
도리도리 쥐엄쥐엄 짝짝꿍 섬마섬마
그 많은 별별 짓 다 하고야
세상 향해 첫걸음 떼고 말문트는구나

새로운 짓 할 때마다

가슴 저리고 눈물 나고
허풍쟁이가 되고 싶어 안달하고
아무 때나 흥얼흥얼 노래 부른다

어쩌면 좋아
이 나이에 사랑에 푹 빠졌나 봐
밀당도 안 하고 주고 싶기만 한
사랑 같은 사랑
이런 사랑 처음이야

## 진고개 길


빛깔도 향기도 다 토해내고
누워버린 나뭇잎
바람길을 연다

구름 한 점 없는 맑은 하늘에
눈 크게 떠야 보이는 흐릿한 낮달이
서쪽으로 점점 멀어지고

뒷모습이 더 아름다운 가을
옛사람 그림자 앞세우고
노인봉을 향해 동쪽으로 걷는다

노박덩굴 노란 껍질 속 빨간 열매
예뻐서 한 가지라도 꺾었을
젊을 날의 탐심은 떠나고
별처럼 꽃처럼 쏟아내느라
조그만 것이 밤낮으로 숨찼을
모습만 아른거린다

갈까마귀 날개 부딪히며

춤추는 허공
구애의 춤사위도 울음소리도
가을로 익어가는데

뒤척인 세월에
주름살 깊어졌을 사람아
쉬어갈 이 기다리는
노인봉으로 가자
날 저물기 전에

## 비움과 내려놓음

사람들 말끝마다
비워내자 비워내자 하는데
다 비워내지는 말자

사람들 걸핏하면
내려놓자 내려놓자 하는데
다 내려놓지는 말자

비우고 내려놓자는 염불 속에
채우고 지니고 싶은 마음
따개비같이 들러붙어서
아무리 주문처럼 외워도
안 되는 것 알잖아

조금만이라도 비워
그저 가볍게 편하게
그렇게 살자

## 옥녀봉에서
-박용래 시인을 생각하며


송화가루 벌써 다 날아가고
철쭉꽃도 이울어진 오월 첫날이
춥고 비바람 불어
그이는 울었을 거야

논산벌 사이로 흐르는 금강은
여유롭고 아름답기만 한데
그 강 너머 부여로 시집간 누이가
그리워 또 펑펑 울었을 거야

역사의 소용돌이 속
쇠락해가는 도시를 바라보며
죽을 만큼 아팠을
옥녀봉의 몇 아름드리 큰 느티나무는
이래서 울고 저래서 우는
그이 눈물을 닦아주었을 거야

아무리 울어도
강물 흐르고 세월 흘러
그이도 가고 없는 이곳에
바람 돌아와 그이 시를 읊어 댄다
나무 아래서 울던 시인이 그리운 나무는
허연 뿌리 드러내고 이제야 운다

# 살아가는 일

사는 게 빚 늘리는 일이 된 젊은이가
아파트 꼭대기에서 몸 날렸다고
매서운 바람이 윙윙거렸다
말랑말랑한 살과 무른 뼈의 아가가
부모에게 맞아 죽었다고
가난과 외로움에 등이 시린
노인들 고독사했다고
겨울 눈발 분분히 날렸다

평생 죄 한가운데 서 있어도
자자손손 햇살 같은 축복을 누리는 이들은
오직 죽음만 두려울 뿐

몫몫이 다른 삶
수백 수천 년이 흐르도록
이리 풀어도 저리 풀어도
답 나오지 않아
사주팔자 끌어다 붙이고
전생 더듬고
끝내는 죽은 조상까지 들먹여야

이해될 것 같은
위로될 것 같은
삶이 메일 버티고 서서
어서 오라 재촉한다

버리지도 못하고 버릴 수도 없는 짐 지고
오늘도 숨 가쁜 언덕을 넘는다

## 팥죽과 역병


찬바람 마른 가지 쳐대는 소리 들리는

일 년 중 해가 가장 짧은 날

새알심 동글동글 굴리며 소원 빌었다

고대 중국에서 물난리로 황하강 넘쳐 역병 돌 때

팥죽으로 악귀를 물리쳤다던 그 힘을 믿고 싶었다

죽지 않고 질기게 두 번째 동지까지 따라와

날이 갈수록 교묘하게 변이도 해가면서

기승을 부리는 우한 역병 물리쳐달라고

손자는 지금 어린이집 친구의 코로나 양성 판정으로

일주일째 제 엄마와 가택연금 중이다

두 눈 이리저리 반짝이며 세상에 궁금증이 많은 아이

폴짝폴짝 뛰어다니며 부딪혀보고 싶은데

이 무슨 경계 모를 벽에 갇혀 있다니

이미 집 안방까지 넘봐버린

날벼락 같은 역병을 무슨 수로 물리칠지

뜨거운 팥죽 한 그릇 맛있게 비웠으나

가슴이 점점 시려오는 아주 긴 밤이다

## 세월의 무게

곧게 자란 뼈 휘어지고
여미어 온 마음 흩어져
촘촘히 박음질한 기억은
뒤죽박죽 엉키고
건너뛰기도 하고
비뚤비뚤 틀어진다

빈칸이 많아진 일상은 뒤뚱거리며
고요히 늙고 싶은 내 인생에
어깃장을 놓는다

잡히지 않는 마음을
바둑알처럼 만지작거리며
아무리 수를 읽어보아도
다음 수가 보이지 않는다

저절로 지워져 빈칸이 생기는 것은
나를 살리는 일
기억을 다 붙잡고 있으면
홍수처럼 범람하여
송두리째 쓸어버릴지도 몰라

## 아가야 미안하다


후추나무 꽃 붉은 촛불로 흔들리고
연못의 남빛 수련이 나른히 조는
초록 잔디 위에서 공을 치면
담벼락 너머의 세상은 보이지 않았다

허물 수 없는 경계 저쪽
출구가 막힌 동굴 같은 가난이
오물과 쓰레기를 쉴 새 없이 뱉어내는 곳

배고픈 파리 떼가
땟물 콧물로 얼룩진 얼굴을 핥았고
아가들은 별빛 초롱이는 눈으로 웃었다

휘청거리는 현기증
절망의 낭떠러지를 구를 때
아득한 골짜기에 피어있는
하얀 백합꽃을 보았다

키베라
결핍을 모르는 너희들은 웃고
풍요를 아는 내가 슬퍼지는 땅

탯줄에 가난 감고 온 아가들이
처음 만난 세상은 빈곤의 늪 속
탐욕의 탑이 높아질 때마다
수렁은 더욱 깊어져
부서지던 작은 목숨

오늘
아프리카 땅으로 갈
갓난아기의 털모자를 뜨개질하며
한 코 한 코에 마음을 걸어본다

나의 바람이란 게 고작
타고난 가난이 면역되어
너희들 앞길에 놓인 눈비바람을
헤쳐갈 수 있기를 기도하는 것이라니

차마 꺼내 보기가 두려워
그동안 가슴 깊이 봉인해 놓았던
슬픔, 부끄러움, 미안함….

아가야 미안하다

# 향수

지구 반 바퀴 돌아
서쪽 끝 작은 섬나라에
둥지 튼 뜨내기

붉은 꽃은 진달래
노랑꽃은 개나리로
생각하며 살아도
부표처럼 떠다니던 그리움
바다로 한없이 달려가도
언제나 제자리

두고 온 땅 못 잊어
시름시름 앓을 때
'선 오브 자메이카'
파도처럼 밀려다니며 슬프게 울더라
진주처럼 눈물 반짝이며 구르더라
구속의 굴레 벗어던진 자유로운 청춘들
레게머리 흔들며 불러도
발목 쇠고랑에 새긴 노예의 타향살이
탯줄에 남아서

갈 곳 잃은 바람처럼 떠돌더라
목이 메도록 서럽더라

고향에 돌아와
이렇게 오랜 뒤에야
다시 불러보는
'Sun of Jamaica'

어느새
상처의 새살처럼 자란 그리움
에메랄드빛 바다에서
하염없이 출렁이네

## 그리움

너무 멀어
그리움도 찾아갈 수 없고
바람도 가다 말고 흩어진다

불꽃나무 빨강꽃
활활 뜨겁게 태워도
하늘은 눈 시리게 파랗다

사랑한 만큼
깊어지는 외로움

아무리 시간을 지워도
그리움 남아
무성한 가지로 뻗어가는 아픔
부겐빌리아 붉은 꽃 피고 지고
눈물 마를 때까지 피어라

## 인연

낯선 꽃과 이름 불러주며
시름 달래주던 그대

란타나 꽃향기로 찾아와
밤새 피워내는
일곱 빛깔 꽃 송이송이

헤어지는 인연이 있으면
다시 만나는 인연도 있을 터
그러나 지금 우리는
황혼 속을 걸어가고 있다

내 그리움으로
천년바위 허물어지면
우리 영혼 속에서라도
다시 만날 수 있을까
야자수 위에 빛나던 그 별
북한산 산마루에서도 반짝인다

# 별

야자수 잎 소리 내 울던 밤
흑단 같은 밤바다에
둥둥 떠다니는 별을 껴안고 잠들었다

입덧으로 야위어가던 삭신
대낮에도 잠이 들면
낮달 사이로 무수히 태어나던
고향의 별들

할머니가 그리운 아이도
내 옆에서 별을 낳고 있었다

## 아크라 비치*

병풍처럼 둘러선
바베이도스 나무의 허연 수염
해풍에 날리고 있다

가늘게 휘어진 몸에
열매 주렁주렁 달린
코코넛 나무 아래
은모래에 누운 여인들
불꽃 같은 사랑 꿈꾸며
온몸으로 햇빛 빨아들인다

비키니 아슬아슬 걸친
늘씬한 금발 여인이 고혹적이라면
풍만한 엉덩이와 젖무덤의
검은 여인은 편안함을 준다

천만번을 쓸려가고 밀려와도
멈출 수 없는 몸짓
끝없이 불어대는 바람은
대서양 건너려는 그리움인가

*Accra Beach : 카리브 섬 바베이도스의 남쪽에 위치한 해변

## 노간주나무를 보며
―새해 아침에


늘 푸른 바늘잎 노간주나무
염주알 굴리며
조랑조랑 소원 빌고 있는
새해 아침
노랑 깃털 새 한 마리 안부를 묻는다

첫새벽 복조리 사서
방문 앞에 매다시던 어머니
때때옷, 도투락 댕기 날리며 널뛰던 동무들
윷놀이 재미에 푹 빠져든 이웃들이
몹시 그리운 지금

열두 굽이 골골 마다
숨어 기다리는 새날들

휘몰아치는 폭설에도 꿋꿋이
제 자리 지키는 나무
내 마음에 푸르게 자랄 수 있다면
노간주 열매 독한 술(Jin)과 순한 물이
잘 어우러진 진토닉처럼

희로애락 잘 거르고 녹여낼 수 있다면

소용돌이치는 여울목을 만나든
미풍 속살거리는 봄날이 찾아오든
흔들리지 않으리

맑고 깊은 향 감도는
진토닉 한 잔으로 건배를 해야지
이 아침의 아름다운 풍경과 향기를
그리고 멀리 두고 온 사람들을
오래오래 기억하기를

## 나무화석


땅이 흔들려 앓을 때
모두가 허물어지고 사라질 때
산목숨 그대로 누워버린 나무

깊은 어둠 속에 갇혀
너는 불멸을 꿈꾸었구나

무량겁의 고행으로
구천이 칠보 정토 되어
상처 녹여낸 자리에 키운
무지개빛 돌나무

나이테가 품은 영원의 시간
잃어버린 그 날 이야기
오묘한 보석으로 수수만년 빛나리니

먼 후일 우리가 떠난 후
우리들의 자잔한 이야기도 전해다오
누군가 궁금해 하거든

## 클립톤 비치*

밤새 반짝이던
알라의 별 숨어드는 새벽어둠 속
하얀 카미즈 자락 펄럭이며
말 달리는 남자 바람을 가른다

출렁이는 바다 곁에 누워도
목 타는 모래알
검게 타들어 간다

헛물켠 꽃들이 흑점으로 떨어질 때
신열에 들뜬 아이들
옷 입은 채 물에 뛰어들고
차도르에 갇힌 여인들
옷 젖는 줄 모르고 파도에 부딪힌다

구속도 더위도
다 부숴버리는 바다
아라비아 바다가 춤춘다
자유의 몸짓으로

*Clipton Beach : 파키스탄 카리치의 클립톤 지역에 있는 해변

## 갠지스 강의 풍경

너울너울 타는 불꽃에
덧없는 한 세월이 탄다
천근만근 업이 녹는다
이승의 탈 벗고
일렁일렁 물살 따라 먼길 떠난다
바람으로 흩어질까
연꽃으로 피어날까
부질없는 윤회 끊고
*가자가자 어서 가자
피안의 언덕으로

아이들 강바닥 더듬어
버리고 간 노잣돈 찾고 있다
죽음의 두려움은 몰라도
가난의 무서움은 알아
돈 찾아 삶의 무게 줄이려 한다
생의 무상함
어찌 돈으로 막을까
시끄러운 세상사 잊고
잘 가오 잘 가오
가난 없는 평안한 곳으로

*반야심경에 나오는 귀절

## 물총새

홀로 외로운 섬이 되는 날
가지 끝에 홀로 앉은
푸른 날개의 물총새
내게 날아들었다

가슴에 품어 눈 맞추고
손끝으로 깃털 가다듬어
하얀 천 위에 내려놓았다

외로움을 아는 새
멀리 날아가지 못하고
벽 위에 앉아 바라본다

그리움 심느라
제 몸에 상처 낸 나를
떠나지 못하고 있다
상처받은 만큼 잊지 못하고
상처 준 이 버리지 못하는
사랑이란 그런 것인가

## 히말라야 바라보며

바람도 얼어붙는
빙하의 산꼭대기
구름 허공에 떠도는데
영원을 꿈꾸는 만년설

천년만년 말없이 고요해도
그대 안에는
아프리카 깊은 바닷속
조개울음 껴안고
출렁이는 푸른 바다

쉬지 않고 몸 녹여
산골짜기 골짜기 돌아
고향 찾아가는 길
물살에 염소울음 소리
단풍잎 싣고 철철 흘러가네

오늘 그대 품에 안겨
부질없는 세상사
다 털어버리고 가리라

## 남국南國의 아침

새벽을 여는 수탉의 꼬끼오
개들 멍멍, 으르릉, 컹컹
고양이의 간드러진 야옹
염소도 따라 운다

실바람에 빗질한 새들은
플루트, 오보에 불고
탬버린도 흔든다

깜짝 놀라 깨어난 풀들
이슬 톡톡 털어내며
햇살 한 줌씩 물고 춤춘다

무거운 삶 짊어진
맨발의 순례자들
따가운 햇살 머리에 이고
바람 한 바랑씩 짊어지고
길 떠나고 있다

## 얼룩말

꼬리로 채찍질하며 질주하는 얼룩말
아지랑이로 어룽거리고
햇살에 빛나는 갈기
실크 머플러처럼 날린다

온몸에 두른 보호색 줄무늬도
강건한 다리로 창 같이 찍고
탄탄한 엉덩이로 방패처럼 막아도
떼어내지 못하는 숙명

푸른 풀 피로 눕히고
사자 밥상이 된 녀석
맑고 큰 눈에는 무엇이 보였을까

배부른 사자 풀숲으로 떠나고
밀물처럼 돌아온 무리
목숨 내주고 얻은 평화
힘센 자 배고프면 깨지는 평화
먹이사슬의 비정함에
검은 밤이 엎드려 흐느낀다

# 코끼리

엄니 빠진 코끼리
중심을 잃고 주저앉아
노을에 몸 담그고 있다

물리고 뜯겨야
산 같은 몸 비워지는 것 알기에
고여오는 고통 안으로 삼키고
아무 저항도 없이
하이에나에게 몸을 내준다

가벼워진 영혼
어느새
킬리만자로 봉우리로 달려가고
덩그러니 남은 뼈
핏자국 닦아내는 바람
레퀴엠 소리

오가는 이들이 묻혀오는
바람만으로 세상 사셨던
어머니 말년의 무심한 미소
하늘 뜻 받들고 계셨음에야

가슴 저미는 슬픔
어스름이 덮어주고 있다

## 말레이시아의 밀림


달빛 누운 숲에
별 춤추는
억겁 저 너머의 숨소리 품은
곡신(谷神)의 축축한 자궁 속
잉태의 푸른 울음

살다가 죽고
죽어서 다시 사는
끝없는 생멸의 고리를 풀어
우주를 흔들어도
깊은 골짜기는 그저 고요할 뿐

어둠 뚫고
땅끝부터 하늘까지
뿜어내는 에너지의 파동
쓰러진 풀들 일어나고
지친 영혼 맑게 헹궈내는 이곳에선
시끄러운 세상 이야기는
그저 지나가는 바람일 뿐

## 보스턴


블랙스미스가 망치질하는
롱펠로우의 집 앞
시 한 구절 가슴에 서성인다

헨리 소로우의 생각을 따라
하바드 교정을 걸어보고
에머슨 철학의 뿌리를 가늠해본다
미국 독립을 고뇌하던 조지 워싱턴이 머물던 집
호오돈의 주홍글씨가 새겨진 곳
문학과 철학과 역사의 많은 이야기가
아직도 향기를 피워내며 내 숨결을 잡아당긴다

후리덤 트레일의 빨간 벽돌을 따라
역사의 흔적을 짚어간다
보스턴 커먼, 보스턴의 옛 주 의사당,
파크 스트리트 교회, 그래너리 공동묘지
폴 리비어 하우스, 퀸시마켓,,,

인디안의 말굽소리, 청교도들의 이주
티 파티 사건, 영국군의 함대, 독립군의 총소리
이방인이 느껴보는 그 날들의 이야기들
오늘도 역사임을 아는지 모르는지
바다는 쉼 없이 출렁인다

## 월든 호수*에서

단풍으로 물든
숲 그림자 끌어당기며
핏빛으로 물든 비단 한 폭
삶아내고 있다

아이들 웃음소리
물속에 퐁당거리고
구름도 찾아와 숨바꼭질한다

언덕 위 오두막에 살던 사람
떠나고 없어도
아는지 모르는지
낮달 껴안고 반짝이는 호수

날마다 뒤척여 허물 씻고
물고기를 키운다
새 물이 아니면 썩을 것을 알기에

*미국 메사츠세츠 주 콩코드에 있는 호수

## 에버글래이즈*

푸르고 깊은 늪
발효된 세월이 쏟아낸
맹그로브숲 소나무숲
꽃이 피어있는 초지
새들이 모여 노는 모래톱
수초 아래는 물고기 천지

외로운 섬으로 떠있는 인디안 마을
반쯤 늪에 잠겨 사는 그들에게
현대문명은 거추장스러운 날개
날지 못하는 그들을
독수리는 고사목에서
악어는 길목에서
경계를 서고 있다

낮은 하늘에서
낮달이 한가하게 졸고
멀리 여우 울음소리에
풀꽃 소리 없이 피는

*Everglades: 미국 플로리다 주에 있는 국립공원

## 타샤의 정원*을 꿈꾸며


타샤는 안다
꽃이 원하는 땅을
땅이 원하는 꽃을

꽃 가득한 뜨락에
한가득 쏟아지는 별들
별이 꽃으로 꽃이 별로 춤춘다

아이 넷 딸린 그녀는
도시풍 남편과 이혼하고
전기와 수도도 없는 나뭇집에서
화덕에 빵 굽고
염소 젖으로 치즈 만들고
베 짜고 바느질하고
양초 만들어 불 밝혀 읽고...
20세기에 옛날의 삶을 즐겼다

채워도 빈 하늘처럼
비워도 가득한 바람처럼
땅 하늘 맨발로 밟고

흐르는 물처럼 걸림 없이 살다가

아주 고요히 천상의 꽃밭으로 떠난 사람

별과 꽃이 함께 꿈꾸는

타샤의 정원을 걷고 있다

*타샤 튜더(Tasha Tudor)는 꽃과 동물, 자연을 사랑하는 미국의 자연주의자.

## 장미꽃과 노동자

마흔여덟 동 아파트에 사는 장미는
팔 백 명의 노동자를 먹여 살립니다
덥지도 춥지도 않게 잘 조절된 방에서
벌 나비 없이
노동자의 땀을 먹으며
얼굴에 예쁜 미소를 짓습니다
꽃봉오리에 속살 오르면
냉방 된 방에 가서
어여쁘게 몸단장을 합니다
한 송이에 15*실링
네덜란드 꽃시장으로 팔려간 몸값은
노동자의 피와 살이 됩니다
허물 수 없는 견고한 장미의 성 옆
말구유처럼 늘어선 낡고 허름한
노동자들의 흙벽 집
무거운 어깨 기댈 틈도 없이
또 다른 장미를 먹여 살립니다
매일매일 꽃이 피어야
노동자들이 빵을 먹을 수 있습니다

*케냐의 화폐 단위

## 적도의 땅

절절 끓는 열기로
땅은 앓고 있는데
하늘 바로 아래
케냐산에는 눈이 펄펄 내린다

자석이 돌던 방향을
갑자기 반대편으로 바꿔버리는
지구 남북의 중심 0도
해는 정수리 위에서 불타오르는데
이끼 낀 숲에선 서늘한 바람

가난으로 누워버린 희망
꽃잎으로
먼지로
흩어지는 삶

눈보라 치는 하늘 너머에도 별 뜨고
암흑 속에서도 빛은 보인다
총총한 눈망울로
모든 생명 숨 쉬는 넓은 세상을 보라
자석처럼 방향을 바꾸고
혼자 우뚝 서는 달걀처럼 일어나라

## 지구대*
―동아프리카

먼 먼 옛날
인류의 조상들이 벌거벗고
사냥하고 열매 따던 그 유산
수십억 년이 흘렀어도
우리의 피는
초지의 푸른 바람 소리
멈추지 않는
그 땅을 그리워한다오

저 멀리 땅 같은 하늘이
별 가득 품고 있는 곳
욕망으로 찌든 피를 맑게 하는 곳이라오

인류를 맨 처음 품었던 땅이
날마다 손톱만큼씩 벌어져
우리가 웃고 사랑할 그 언젠가
땅이 갈라지고 뒤집히는
슬픈 이별 소리 없이 다가오는 곳이라오

나무와 풀이 자라고 새가 울고

짐승이 뛰어노는 협곡 같은 대평원

평화롭고 고요한 이곳에

한가하게 풀 뜯는 얼룩말, 기린, 임팔라들

죽는 날까지 꿈에라도

천지개벽이 올 날을 모르길 바라오


*지구대(The Great Rift Valley)는 동아프리카의 아파르 삼각지에서 동아프리카의 모잠비크 동부에 걸쳐 아프리카 대륙의 동쪽을 따라 발달한 계곡이다.

## 암보셀리*와 킬리만자로

1
신기루 따라 찾아온 오아시스
흙먼지 삼켜버린 넓은 초지
우뚝 하늘 닿은 산봉우리

악보와 반주 없이도
제 음정과 소절 잊지 않고
도돌이표로 노래하는 새들

삶과 죽음을 본능으로 아는 짐승들
공격과 도망의 기회를
서로 엿보며 함께 어울려 산다

가시나무에 걸린 석양 너머
킬리만자로
말없이 초원을 내려다보고 있다

2
달빛 밟고 가는 바람에
실려 오는 자스민 향기

별빛이 흔들려 가슴에 닿는다


어둠이 귀를 닫고 고요해지는 밤

바람도 풀벌레도 소리 낮추고

자연의 소리를 듣는다


밤새 푸른 빛 쏟아내는 별 품고

밤 지새는 킬리만자로

초원의 숨줄이 되어


오늘도 제 살 녹여

시든 풀 일으켜 세우고

배고픈 짐승들 살린다


*케냐의 국립고원으로 킬리만자로(5,895m)를 눈앞에서 볼 수 있다.

## 소금사막


불바람에 뒹굴었을까
불화산에 활활 태웠을까

출렁이던 몸 다 비워내고
하얗게 남은 속살
쉽게 몸 내주지 않아
불볕도 녹여내지 못하는데
광부는 천고의 침묵을 깨고
노다지를 캔다

미물도 버린 땅에서
가난 깨부수는 소리
생명 살리는 소리

새벽 별 보고 나선 길
초생달 실눈 뜨고 마중 나올 때까지
천리만리 아득한 길
초생달 반달 될 때까지

앞선 낙타의 외로운 방울 소리 따라

끝 보이지 않게 늘어선 카라반

소금돌 한 짐 지고

아지랑이 아롱거리는 신기루를 밟고 간다


여윈 등뼈 휘어지고

욱신거리는 발굽이 신음해도

낙타는 울지 않는다

## 나일강

빙하의 달빛 품은
달의 산*을 떠나와
깊은 산골짜기 돌고돌아
푸른 나무들 적시고
돌 틈을 뚫고
별빛 초롱초롱한 사막의 밤을 건너
지평선 노을 담아
국경도 허문 채
수만 리를 쉬지 않고 달려간다

느릿느릿 흐르는 백나일
허겁지겁 쏟아지는 청나일
두물머리 카르툼 뚜떠섬에서 만나
한 몸 되어 어머니 마음으로 흐른다

흙바람과 마른 울음 삼키며
무심히 흘러가도
농부의 빈터에 나무 심고
어부의 빈 배에 나일퍼치 얹어주고
강기슭에 키운 풀로 배고픈 짐승을 달랜다

사막을 비옥한 옥토로 만들어

이집트 문명을 세우고

파라오들에게 권세를 준 것도 너였구나


소리 내지 않고

느리게 천천히 흘러야

멀리 길게 갈 수 있음을 아는 강물은

멈춤도 없이

어제를 싣고

오늘을 담아

내일을 향해 흐르고 흐른다

막힌 가슴 이제야 뚫려

모래톱에 쌓아놓은 별별 이야기

오늘에야 들린다


\*아프리카 중부, 우간다와 콩고 국경에 있는 산맥으로 나일강의 수원.

## 오지

하늘까지 닿은 땅
땅까지 내려온 하늘
별을 품은 땅에 서 있으면
나도 하늘의 별이 된다

내 땅에 뜨던 달과 별
여기까지 찾아와도 날마다 낯설어
구름 없는 심심한 하늘에
고향 풍경 옮겨놓고 헛꿈을 꾼다

어쩌다 소식 오는 날은 편지의 말들이
살아나서 환청에 시달리고
전선 그 너머의 목소리를 들은 날은
이명으로 귀를 앓는다

일주일에 한 번 만나는 신문
아껴가며 읽어도 하룻밤이면 끝나
말이 고픈 나는
물이 고파 타들어 가는 꽃에 말을 건다

입맛 없어
풀도 잘 자라지 않는 땅에
고추 심고 깻잎 키워도
살수록 먹고 싶은 게 더 많아져
허기진 배
이리 묻고 저리 배워서
무딘 손끝, 어설픈 솜씨로
더듬더듬 어머니 밥상을 찾아간다

처음에는 낯설어 울고
떠날 때는 정들어 울고
돌아와서는 그리워 우는
두고두고 눈물 나고 가슴 시린 곳이다

## 사막에서 제야를


깜깜한 밤하늘에는
별들만 총총총

끝없이 펼쳐진 우주에서
영겁 사는 별들은
땅별에 뜨고 지는
해와 달의 이야기를 알기나 할까

여기 고운 모래 위에
우리는 어찌 욕망 가득한
세상 이야기를 그리려 하느냐
한 올 바람에도
흔적 없이 사라지는 것을
결핍과 욕망을 모르는 사막에는
비움도 채움도 없다네

뒤뚱거리는 걸음마로 시작한 세상살이
외로움의 바다를 떠돌다가
이제야 만난 태초의 땅
잠시 영혼 쉬어가는 이 밤을 잊지 못하리

오직 사람만이 날짜를 헤아리는
한 해 마지막 밤
제 이름도 모르고 있을
별, 별, 별들 이름 불러 보네
너무 멀어서
닿을 수 없어서
더 다가가고 싶은 그리움으로

## 불의 사막


모래를 세워
언덕을 만들던 바람이
낙타 발굽 자국 지우고
방울 소리 삼킨다

피와 살 녹였던 자리에 누운
짐승의 하얀 뼈
아픈 시간을 붙잡고 있다

지글거리는 불덩어리
몸 낮춘 가시덤불 헤쳐
숨죽인 도마뱀 찾아내고
종종걸음으로 달아내는 새 쫓아가고
겨우 피어난 작은 풀꽃 태운다

어디에도 감출 수 없는 여기
신기루 찾아
헛꿈이라도 품어보았으면

**평설**

# 그리움의 시학, 발견의 감각
## – 김정필의 시 세계

한상훈(문학평론가)

1

   김정필은 여성적 감성과 날카로운 지성을 조화롭게 겸비한 시인이다. 그녀의 시편들을 관통하는 것은 '그리움'이다. 그리움이야말로 김정필의 삶 자체다. 그 그리움은 결코 가볍지 않다. 인문학적 교양과 사색이 작품 속에 오롯이 투사되어 있기 때문이다. 그녀의 어조는 부드럽고 따뜻하지만 정신은 치열하다. 그러한 그녀에게 그리움은 운명처럼 때론 우연처럼 매섭게 파고든다.

   그것은 결혼 직후 공직자인 남편과 함께 오랜 외국 생활의 체험에 따른 고독한 자아의 초상에서 비롯된 것이기도 하지만, 한평생 고단한 삶을 사셨던 부모님, 대쪽 같은 유학자였으면서도 손녀에겐 한없이 다정다감했던 조부, 멀리 떨어져 있는 오빠에 대한 원천적 그리움에서 출발한다. 특히 어머니에 대한 시편들은 시인의 외롭고도 쓸쓸한 실존적 자의식의 세계를 잘 보여준다.

   안방에서 바느질하시던 어머니
   찬바람에 문풍지 울면 눈꼽재기창으로
   바람길 살피며 이불 여미어 주셨습니다

   (…중략…)

살 헤집고 뼛골 녹이던 아픔에도
바람으로 숯 피워 다림질
끼니때마다 풀무질
여름밤마다 부채질

가위로 마름질하고 싶다던 그 고통
당신은 마침내 작은 세상에 갇혀
오가는 이가 묻혀오는 바람만으로
담 너머의 세상을 만났습니다

바람으로 앓다가 바람으로 떠나신 당신은
늘 바람으로 제 가슴에서 울어요
어머니 오늘도 바람
제 가는귀를 붙잡고 그날처럼 울어요
─「바람과 어머니」부분

    시적 화자의 집안은 남성중심의 이데올로기 속에서 한국적 풍속을 중시 여겼던 집안으로 보인다. 당시 양반댁 가문은 대부분 그렇듯이, 3대에 걸쳐 오순도순 함께 사는 대가족제도로 형성되어 있다. 이 제도는 나름대로 장점이 있음에도 불구하고, 큰살림을 이끌어가기 위해, 무엇보다 여성의 절대적 희생을 필요로 한다.
    그러한 가풍 속에 어린 시절을 보낸 화자는 어머니의 힘들고 가슴 아팠던 삶의 모습이, 오랜 시간의 흐름 속에서 희미해질만도 하련만, 노년에 접어들어서 더욱 뚜렷이 맘속에 화석처럼 각인되어 있는 것이다.
    여자가 결혼을 해서 아이를 출산하고 수유와 육아를 하고, 가정 살림살이를 맡게 되고 남편을 뒷바라지해야 하는 일 등은 오늘날 사회적 인식의 변화 속에서 남녀의 역할 분담으로 어느 정도 해소되었지만, 그럼에도 여전히 여성들의 불만이 많아 20세기 말부터 불기 시작한 이 땅의 페미니즘적 구호의 목소리가 별로 잦아든 것 같지는 않다.

21세기의 요즘도 이러한데, 이 시의 '어머니'는 여성의 희생을 지극히 당연하게 여겼던 보수적이고 완고한 시대 속에서 유학자의 집안에 일찍 시집온 것 "살 헤집고 뼛골 녹이던 아픔에도/ 바람으로 숯 피워 다림질/ 끼니때마다 풀무질/ 여름밤마다 부채질"이라는 구절 속에 어머니의 삶의 초상이 어떠했는지, 잘 응축되어 있다.

그뿐 아니라, 여성으로서 감히 바깥출입도 어려워 집안에 오가는 사람들 사이로 바깥세상이 어떻게 돌아가는지 알 수 있을 정도라 하지 않은가. 어머니 자신도 그 삶이 너무나 힘들었기에 "가위로 마름질하고 싶다던 그 고통"이었던 것. 그러한 어머니의 고단한 삶의 모습을 어려서부터 지켜본 시적 화자의 모습이기에, '바람'만 스쳐도 어머니에 대한 그리움에 감정이 복받쳐 울고 만다는 것. 독자들의 마음조차 울컥해진다. 이와 같은 어머니에 대한 절절한 감정은 "선비 집안 칼칼하고 매운 시집살이/ 열다섯 살 어린 새 각시 설움/ 여기 다복다복 꽃무덤으로 돌아왔네"(「각시붓꽃」)에서도 잘 드러난다.

이 시에서 하나 더 눈여겨볼 것은 "찬바람에 문풍지 울면 눈꼽재기 창으로/ 바람길 살피며 이불 여미어 주셨습니다"처럼 자식에 대한 따뜻한 사랑이 아름답게 그려져 있다는 것. 그 사랑은 시인에게 "지금 어머니는 고향 집 뜰/ 해바라기처럼 서서/ 나를 기다리고 계실지 몰라/ 생일 밥상 차려놓고/ 등 토닥여주시던 그 날"(「그 해 칠월」)처럼 그리움과 고마움으로 간직되고 있는 것이다. 더구나, "작은 것 앞에 저절로 낮아져/ 무릎 굽혀 눈 맞추고/ 귀 기울이는 이 겸손을/ 무덤 속 어머니는/ 예순 고개 넘어도 철 안 드는 딸 가르치시네"(「각시붓꽃」)란 구절에서 나타나듯이 어머니에게서 새삼 생의 깨달음을 느낀다.

이처럼 시인에게 어머니는 그리움의 원천이자 생의 거울이기도 한 것. 이와 같은 전통적 모성에 대한 예찬을 드러낸 유형의 시는 자칫 진부한 표현으로 평범해지기 쉽다. 그러나 이 시는 체험을 바탕으로 한 진솔한 감정표현과 다채롭고 복합적인 '바람'의 이미지, '눈꼽재기창'과 같은 독특한 언어적 미감을 잘 살려, 작품의 미학적 완성도를 높이고 있다. 이번엔 오빠에 대한 그리움의 시편들을 감상해 본다.

그 겨울
곱게 화장한 팽이는
송곳바람 휘젓던 빙판 위에서
오빠가 휘두르는 닥나무 채 아픔에도
쓰러지지 않으려 안간힘 썼다
때릴수록 맞을수록 열을 내며
더 빠르게 더 매끄럽게
춤추는 팽이를 따라
오빠 눈에는 별빛이 반짝였다

(…중략…)

아직도 가슴 한구석에
귀향의 꿈 걸어놓고
팽이는 지금도 돌고 있었다
뉴욕의 한 모퉁이에서
—「작은오빠의 팽이」 전문

김정필 시인의 시 쓰기의 전략적 특성이 잘 구현된 작품이다. 앞에서 언급한 「각시붓꽃」이 '각시붓꽃'을 통해 어머니의 이미지를 그려나갔다면, 이 시는 '팽이'를 통해 오빠의 모습을 형상화했다. 요컨대 상징

화된 시적 대상에 자신의 감정을 투사시키는 기법을 통해 절제의 미덕을 보여준다. 즉, 여성 시에서 범하기 쉬운 감정의 과잉을 과감히 차단하고 있다.

이 시의 기본 얼개는 오빠가 휘두르는 채찍에 의해 '팽이'가 돌아가고 있는데, 그 '팽이'는 오빠 자신이기도 한 것. 어린 시절, 시적 화자는 팽이 치던 오빠에게서 뜨거운 삶의 열정을 보았다는 것인데, 그것은 "춤추는 팽이를 따라/ 오빠 눈에는 별빛이 반짝였다"란 함축적 표현에서 은유적으로 묘사되고 있다.

시기상으로 보면 1980대쯤 될까. 오빠는 성공하기 위해 미국으로 떠난다. 전통적인 유학자 집안에서 아들에게 거는 기대는 당연할 것이다. 가문과 부모님의 기대에 부응하기 위해 일찌감치 고향에서 벗어나 멀리 낯선 땅에서 성공하기 위해 자신을 매섭게 채찍질해 가며 도전해 나갔을 것, 그러나 언어소통도 쉽지 않고, 아무도 도와줄 사람이 없는 그 시간은 어쩌면 1930년대 중반 모더니즘의 이론가이며 시인인 김기림이 일본이라는 거대한 현대문명 앞에 좌절할 수밖에 없었던 시인의 자의식을 그린 "삼월三月달 바다가 꽃이 피지 않아서 서글픈/ 나비 허리에 새파란 초생달이 시리다."(「바다와 나비」)와 비슷한 정서의 감정일지도 모른다.

그곳에서 오빠는 크게 성공하여 부모님을 기쁘게 해드리고 시적 화자인 동생에게도 뽐내고 싶었을 터. 하지만 현실의 장벽은 예상치 못한 곳에서 도사리고 있듯이 결코 순탄하지 못하고 있음을 "너울거리는 꽃 한 송이"라는 구절은 암시해 주고 있는 듯하다. 그럼에도 "귀향의 꿈 걸어놓고/ 팽이는 지금도 돌고 있었다/ 뉴욕의 한 모퉁이에서"란 마지막 구절을 보면, 이제는 미국에서 고난의 역경을 극복하여 행복하고 잘 살고 있다는 뜻일 것이다.

오빠의 이야기는 아버지에 대한 시에서도 인상적으로 재현된다. "고장도 쉼도 없는 시계처럼"(「아버지의 시계」) 열심히 살아온 아버지가 마지막 유품으로 오빠에게 건네준 시계는 죽음의 징후를 암시하듯 얼마 안 가서 멈춘다. 그래서 미국에서 화자인 동생에게 고쳐달라고 보내지만, 그 '고물시계'는 더 이상 전처럼 돌아오지 않는 것이다.

다시 말하면, 고칠 수 없는 고물시계는 이승에서 아버지를 대할 수 없는 '죽음'을 은유하는 것이고, 그 지점에서 혈육 간의 삶과 죽음의 '거리'가 단적으로 드러난다. 그 '거리'에 바로 그리움이 존재하는 것. 그리하여, 서정적 주체는 "시계는 내 옷장 서랍에서 잠자고 있는데"(「아버지의 시계」), 가끔 서랍을 열어서, 하늘에 계신 아버지도 만나고 미국에 있는 오빠도 만나며 그리워하는 것이다.

시인에겐 미국의 오빠 말고, 큰 오빠가 있는데, "살아온 생/ 모두 버리라고/ 불벼락 내려/ 재 한 줌으로// 큰 오빠는/ 이생의 무거운 짐 벗고/ 눈물 강 건너/ 파란 시월의 하늘로 들어가셨다"(「큰오빠의 하늘여행」)는 바로 아버지에 이어 큰 오빠의 죽음에 대한 슬픔을 표현한 또 한 편의 시다.

이처럼 김정필 시인에게는 가족의 죽음이나 이별에서 비롯되는 상실감이 시 세계의 중심을 이룬다. 상실로 인한 외로움, 그 공허감은 바로 그리움의 원천이 되고, 시적인 승화로 이루어지는 것이다. 마지막으로 가족 중에 또 한 분, 그리워하게 되는 대상이 있는데, 바로 할아버지인 것.

　　어릴 적 할아버지께
　　먹 갈아드린다고 자청해놓고는
　　금방 팔 아파 한눈팔고 지겨워 딴전 피면
　　갈고 닦아야 사람 된다던 할아버지의
　　그 한마디 보약인 것을
　　눈멀고 귀먹어
　　그때나 지금이나

조금만 힘들면 주저앉기 일쑤

세상 비늘 다 털어내고 초연히 사시던 분이
먹물 다 마르도록 무얼 그리 빼곡히 쓰셨을까
모진 세상 만나 고향 등지고
자식 몇 가슴에 묻은 사연이었을까
일찍 떠나신 할머니께 건네는 사랑 편지였을까
─「먹 갈기」 부분

  서정적 주체는, 세속적인 것과는 거리를 두고 지내면서, 집안에서 글쓰기에 여념이 없었던 할아버지를 떠올린다. 어린 시절, 할아버지의 사랑을 듬뿍 받았던 손녀인 화자는 어리광도 부리고 재롱도 떨었을 터. 그러던 중, 어느 날 할아버지 옆에 앉아서, 먹을 갈아드리겠다고 큰소리쳤지만, 팔이 아파 딴짓을 했다. 시적 화자는 지금도 조금만 힘들면 그만두기 일쑤인데, 새삼 그때 할아버지의 말씀, 먹을 갈고 닦아야 사람이 된다던 한 마디가 새삼 떠오른다.
  늘 화폭에다 무엇인가 글을 쓰셨던 할아버지, 그 내용은 무엇일까. "모진 세상 만나 고향 등지고/ 자식 몇 가슴에 묻은 사연이었을까/ 일찍 떠나신 할머니께 건네는 사랑 편지였을까" 시적 화자는 아득한 시절의 추억을 호출하며, 지난날의 회상에 잠겨 본다. 이 구절에서 '모진 세상'이란 두말할 것 없이 6.25를 말하고 있는 것. "새소리 요란하게 드나드는/ 흐드러진 꽃 바라보며/ 눈자위 붉어지시던 할아버지/ 6.25 전쟁으로 자식 앞세운/ 아픔 있는 것을/ 그때는 왜 몰랐을까"(「살구꽃」)에서 선명하게 제시되고 있다.
  화자는, 할아버지 역시 자식 잃은 슬픔에 정든 고향마저 등져야 했던 아픔을 지녔던 분으로, 가슴에 한恨을 품고, 그 한恨을 한지에 글로써 풀어내고 있었던 것을, 이제야 온전히 이해하게 된다. 그리하여 "나무 심고 살구 따주던"(「살구꽃」) 그분에 대한 "먹먹한 그리움"에, 시인은 오늘도 시를 쓰고 있는 것. 할아버지를 그리워하면서 무언가 시를 끄적이다 보면 울적했던 마음이 정화되고, "별빛 건너고 싶은 날"(「살구꽃」)이 되기 때문이다.


2
    김정필 시인은 격변하는 근대 사회와 전후의 시대적 상황 속에서 야기될 수밖에 없었던 가족의 상처, 응어리진 마음을 풀기 위해 시 쓰기를 출발했지만, 거기에 머물지 않고, 그녀의 시적 지평은 더욱 넓게 확산된다. 그것은 '역사'에 대한 시선이다.

    오백 년 사직이 한꺼번에 으스러지던
    그날을 잊고 사는 것처럼
    자유 잃어가는 오늘의 아픈 이야기도
    그저 세월의 물결에 맡기고
    기억을 지우며 사는 무심한 세상

    향원정 작약꽃에 나비 너울거리고
    나무 우듬지에서
    까치는 새끼 길러내느라 분주하다

    봄 되면 잊지 않고
    꽃으로 잎으로
    피워내는 나무들만이
    오늘의 비통함을 기억할 것이야
    -〈경복궁의 봄」 부분

이 시는 혈육에 대한 그리움에서 벗어나 역사 속의 여성 캐릭터에 대한 김정필의 관심을 보여주는 작품이다. 고종과 명성왕후의 아름다운 휴식공간이었던 경복궁의 향원정을 배경으로 일제의 야수적 폭력 앞에 무력하기만 했던 역사의 한순간을 시인은 과감히 소환해 내었다. 그리고 역사적 아픔을 자신의 시적 인식으로 끌어들인다. 김정필 시인이 명성황후의 치욕적인 시해 사건을 통해 우리 민족의 쓰라린 고통을 새삼 상기시키는 의도는 무엇일까.

　역사에 대해 공부하고 사색 하는 이유는 과거에 대한 정확한 인식을 통해 우리의 미래를 올바르게 나가는 데 그 의미가 있을 것이다. 하지만 현대를 살아가는 요즘의 세태는 어떠한가. 정치인들의 정치적 야심에 의해 표출된 사회적 병리현상은 매우 심각한 국면에 들어섰고, 그로 인해 그냥 지나쳐갈 수 있는 소소한 사건까지 이슈화되고 부풀려져 감정적 편 가르기로 인한 적대적 긴장 관계가 우리 사회를 극한 상태로 몰고 있다.

　이러한 상황이 계속될 때, 앞으로 우리의 젊은 세대들에게 어떤 미래가 있을 것인가. 이 시의 발상은 그 지점에서 출발하고 있다. "오백년 사직이 한꺼번에 으스러지던/ 그날을 잊고 사는 것처럼/ 자유 잃어가는 오늘의 아픈 이야기도/ 그저 세월의 물결에 맡기고/ 기억을 지우며 사는 무심한 세상"이란 구절에서 진술하고 있듯이, 김정필 시인은 현대인들이 치욕의 역사를 과거 속의 유물처럼 잊어버리고, 무심히 살아가는 일상에 대한 준엄한 반성적 성찰을 요구한다.

　이처럼 이 시는 현대를 살아가는 우리들에게 날카로운 경종을 울리지만, 그 주제의 무거움만큼 거칠게 다가오지는 않는다. 그 이유는 나비와 꽃, 봄, 까치, 나무와 같은 시어를 통해 서정적 감성의 분위기를 따뜻하게 전달하고 있기 때문이다. 무엇보다, 명성황후의 머리에 꽂혀 있는 비녀를 뜻하는 '나비잠'이란 단어를 "왕비의 나비잠에서 흐느끼던 나비"라는 비유로 활용하면서, 후반부에 "향원정 작약꽃에 나비 너울거리고"와 조응시키는 장면은 독특한 표현미학을 자아낸다.

> 허난설헌이 여인으로 살아야 했던 조선은
> 별 보이지 않는 어둠 속
> 연꽃 향기 붉은 가슴
> 시로 녹여내도
> 벗어날 수 없는 인습의 굴레
> 슬픔이 꽃이 되고 시가 눈물 되어
> 그리움 일렁여도
> 초당의 바닷바람은 너무 멀어라
> 자식 잃은 고통
> 살과 뼈 다 허물어
> 스물일곱 꽃송이 붉게 흩어졌어라
>
> 꽃은 이미 알고 있었을까
> 생살 앓던 아픔도 오랜 세월 흐르면
> 꿈처럼 아득해지는 것을
> 시로 삭힌 속울음 아무리 애절해도
> 가물거리는 아픔인걸
> 그저 꽃물에 흐르는
> 그 눈물과 향기 마시며
> 꽃으로 시로 만나야 하는 사람
> 설움에 목이 메인다
> ─「연꽃차를 마시며」 부분

동해바다와 경포호를 품고 있는 강릉을 지형학적 거점으로 쓰여진 시다. 그곳에서 김정필 시인은 가부장적 남성 중심의 시대에 운명적으로 불우한 삶을 살다 갈 수밖에 없었던 천재적 여류 시인 허난설헌을 만난다.

27살에 요절한 시인 허난설헌은 두루 알다시피 혁명적 풍운아이며 최초의 한글소설을 쓴 허균의 누이다. 그녀는 비교적 진보적 유학자 집안에서 자라났기에 여자임에도 불구하고 남자 못지않게 교육을 받고 자라났지만, 보수적이고 고루한 김성립과 15살에 결혼하여, 고독하고 불행한 나날을 보내면서 맺혔던 마음의 상처를 시로써 달랜다. 그러나, "허난설헌이 여인으로 살아야 했던 조선은/ 별 보이지 않는 어둠 속/ 연꽃 향기 붉은 가슴/ 시로 녹여내도/ 벗어날 수 없는 인습의 굴레"라는 시인의 진술처럼 남근주의적 유교사회에서, 결국 "살과 뼈 다 허물어/ 스물일곱 꽃송이"로 세상과 작별하는 것이다.

유학자 집안에서 어머니의 희생적인 삶을 어린 시절부터 목도한 김정필 시인에게 역사 속의 허난설헌에 시선이 머문 것은 어쩌면 당연한 일인지 모른다. 그렇기에 시인의 어조는 "슬픔이 꽃이 되고 시가 눈물 되어/ 그리움 일렁여도/ 초당의 바닷바람은 너무 멀어라"처럼 매우 애절하다. 누구보다 사회적 인습과 제도에 고통 받은 여성의 슬픔을 몸소 가까이 체험해 잘 알고 있기 때문일 것이다.

"생살 앓던 아픔도/ 오랜 세월 흐르면/ 꿈처럼 아득해"지듯이 인간의 고통이나 슬픔은 세월 속에 무뎌지기 마련이다. 그러나, 현대인들은 허난설헌의 시대적 정신이 깃든 시나 그림을 구시대의 골동품처럼 무심히 감상해선 안 될 것을 은연중에 경고한다. "그 눈물과 향기 마시며/ 꽃으로 시로 만나야 하는 사람"이란 구절에 시인의 결연한 정신이 담겨 있기 때문이다. 그 구절은 2연의 "목숨 생으로 잘려도/ 물 바람 햇살 있으면/ 다시 피는데"라는 표현과 극적인 조응을 이룬다. 그 지점을 우리가 깨닫게 될 때, 김정필 시인이 말하고자 하는 허난설헌의 삶과 정신에 대한 부활 또는 생명의식을 온전하게 공감하게 되는 것이다.

남자처럼 정당하게 인간적 권리를 행사하지 못하고 고통을 겪는 여성들에 대해, 김정필 시인은 가족이나 역사 속뿐만 아니라, 우리와 언어와 풍속이 다른 외국 사람들을 접하면서도 "옷 입은 채 물에 뛰어들고/ 차도르에 갇힌 여인들/ 옷 젖는 줄 모르고/ 파도에 부딪힌다// 구속도 더위도/ 다 부숴버리는 바다/ 아라비아 바다가 춤춘다/ 자유의 몸짓으로"(「클립톤 비치」)처럼 동일한 연민을 느낀다. 이와 같이 여성에 대한 평등 또는 자유의 욕구가 시공간을 막론하고 전개되고 있다는 점은 김정필 시인의 작품세계를 이해하는 데 중요한 단서가 된다.

물론 어떤 방식으로 이러한 세계가 앞으로 변모해 나갈지 지켜보아야 하겠지만, 비단 불합리한 제도에 희생되고 있는 여성에 대한 연민이나 옹호적 시각에만 머물러 있을 것 같지는 않다. 그보다는 인간의 근원적인 외로움에 대한 존재론적 탐색, 지적 여정의 행보가 엿보인다. 최근 시편들을 보면, 그늘지고 변두리적인 사람들을 시적 대상으로 호출하여 끊임없이 역사적, 사회적 상상력을 발동하고 있기 때문이다.

21세기, 복잡하게 얽혀져 있는 정치 권력이나 허위 의식으로 가득 찬 현대 사회의 구조 속에서 김정필 시인은 밀려나고 억압받고 있는 서민들에 대한 관심으로 시세계가 확산되고 있는 것을 눈여겨볼 필요가 있다. "하늘은 알고 있을까/ 진실을 외치는 사람들의 절박함을/ 불안한 미래를// 목젖까지 차오르는 슬픔/ 목 안으로 끌어당기며/ 어둠 속에서도 자유롭게 펄럭이는/ 깃발 아래 우리가 서 있다"(「깃발 아래서」)나 "아무리 거센 물줄기 쓸어가도/ 모래톱이 남듯/ 거짓이 태산을 덮어도/ 진실은 살아/ 광화문으로 광화문으로/ 분노의 함성/ 자유의 깃발/ 어둠에 묻히고 광장에 갇혀 버렸다"(「광장에 갇히다」) 와 같은 시편들이 그것인데, 김정필 시인의 여린 듯하면서도 강인한 정신세계의 일면이 비수처럼 예리하게 번뜩이고 있다.

## 3

김정필 시인은 결혼 직후 20여 년 넘게 외교관인 남편과 함께 해외에 머문다. 외국의 두서너 도시에서 안락하게 거주하는 것이 아니라, 상당히 많은 나라와 도시를 순례하면서, 이국의 문명과 자연을 접하며, 생의 근원적인 문제에 대해 탐색하고 사유한다.

1
신기루 따라 찾아온 오아시스
흙먼지 삼켜버린 넓은 초지
우뚝 하늘 닿은 산봉우리

악보와 반주 없이도
제 음정과 소절 잊지 않고
도돌이표로 노래하는 새들

삶과 죽음을 본능으로 아는 짐승들
공격과 도망의 기회를
서로 엿보며 함께 어울려 산다

가시나무에 걸린 석양 너머
킬리만자로
말없이 초원을 내려다보고 있다

2
달빛 밟고 가는 바람에
실려 오는 자스민 향기
별빛이 흔들려 가슴에 닿는다

어둠이 귀를 닫고 고요해지는 밤

바람도 풀벌레도 소리 낮추고
자연의 소리를 듣는다

밤새 푸른 빛 쏟아내는 별 품고
밤 지새는 킬리만자로
초원의 숨줄이 되어

오늘도 제 살 녹여
시든 풀 일으켜 세우고
배고픈 짐승들 살린다
─「암보셀리와 킬리만자로」 전문

적도와 가까이 있으며 아프리카에서 가장 높은 산으로 알려진 킬리만자로. 미국문학의 아이콘인 헤밍웨이의 대표적 단편 「킬리만자로의 눈」이 떠오르는 산. 산의 정상에는 얼음덩어리가 녹지 않고 하얀 눈에 덮여 있기에, 그곳을 '만년설'이라고 한다.

그러나 시인은 이러한 자연의 아름다운 장관에 시선이 머물지 않는다. 시인이 응시하는 것은 산의 정상에서 흘러내리는 물이다. "오늘도 제 살 녹여/ 시든 풀 일으켜 세우고/ 배고픈 짐승들 살린다"라는 진술이 말해 주듯이 킬리만자로에서 흘러내리는 물은 케냐의 암보셀리 공원에 서식하고 있는 사자와 코끼리 등 온갖 동물들과 조류들, 그리고 각종 식물들이 자라나는 생명수가 된다는 것에 주목한다.

말하자면 킬리만자로의 '눈'은 대자연의 생태계가 잘 형성될 수 있게 보호해 주는 수원지 역할을 한다. "가시나무에 걸린 석양 너머/ 킬리만자로/ 말없이 초원을 내려다보고 있다"처럼 광활한 초원과 하늘을 뚫을 듯한 킬리만자로, 저녁노을이 하나가 되어 만들어낸 아름다운 자연 풍경에 누구나 압도되겠지만, 시인은 눈에는 잘 포착되지 않는, 미묘한 우주적 질서를 비로소 깨닫는다. "삶과 죽음을 본능으로 아는 짐승들/ 공격과 도망의 기회를/ 서로 엿보며 함께 어울려 산다"는 시인의 단정적 언술은 바로 이러한 점에 근거한다.

자연에 대한 생태학적 인식은 삶에 대한 성찰로 이어져서, "우리는 어찌 욕망 가득한 세상 이야기를 그려 두려고 할까/ 한 올 바람에도/ 흔적 없이 사라지는 것을/ 결핍과 욕망을 모르는 사막에는/ 비움도 채움도 없다네"(「사막에서 제야를」)로 귀결되는 것이다.

「암보셀리와 킬리만자로」는 달빛, 별빛, 바람, 초원 등 서정적 표현의 아름다운 풍경이 전면에 부각된 시의 외피에 해당된다면, 그 외피 속에 담긴 속뜻은 자연의 평온한 질서이며 순리에 대한 깨달음이다. 그 점은 제로섬 게임을 벌이는 인간 세상과 대비되는 것이다. 이처럼 시인은 자연의 풍광을 아름답게 그려나가면서도, 정보 사회 속에서 삶의 방향을 찾지 못하고 방황하는 우리들의 일그러진 삶의 초상을 비꼬고 때로는 조롱하고 있다.

김정필 시인의 이와 같은 인간 세태에 대한 날카로운 성찰은, "오늘 그대 품에 안겨/ 부질없는 세상사/ 다 털어 버리고 가리라"(「히말라야 바라보며」)나 "너울너울 타는 불꽃에/ 덧없는 한 세월이 탄다/ 천근만근 업이 녹는다"(「갠지스강의 풍경」)처럼 속세를 벗어난 생의 달관 또는 무상함으로 변주되고 있다.

이처럼 이국적 풍경을 전면에 배치한 시편들 역시 김정필 시인 특유의 '그리움'의 정서가 짙게 배어 있음을 알 수 있는데, "두고 온 땅 못 잊어/ 시름시름 앓을 때/ '선 오브 자메이카'/ 파도처럼 밀려다니며 슬프게 울더라/ 진주처럼 눈물 반짝이며 구르더라"(「향수」)나 "입덧으로 야위어가던 삭신/ 대낮에도 잠이 들면/ 낮달 사이로 무수히 태어나던/ 고향의 별들"(「별」), "내 땅에 뜨던 달과 별/ 여기까지 찾아와도 날마다 낯설어/ 구름 없는 심심한 하늘에/ 고향 풍경 옮겨놓고 헛꿈을 꾼다"(「오지」) 등에서 잘 투영되어 있다.

4.

앞에서 언급한 작품들 외에도 김정필 시인의 개성적 감각이나 발랄함, 사물에 대한 예리한 관찰력 등이 빛나는 시편들이 눈에 띄는데, "올라가고 또 올라가/ 더 기댈 데 없는 허공에/ 헛손질해 보고야/ 내려오는 꽃/ 해 보지 않고는 견딜 수 없는/ 청춘 닮았다"(「능소화」)는 덩굴식물이며 장미 못지않게 예쁘게 피어나는 꽃의 속성을 통해 무모한 청춘의 욕망을 재치 있게 그려나갔으며, "작고 여린 꽃에선/ 크고 단단한 씨앗/ 단단한 껍질 속에선/ 부드러운 속살// 그대 몸 비운 껍질은/ 내 불안한 영혼을/ 밤마다 품어/ 잠재우는 안식처"(「메밀꽃밭에서」)에선 메밀꽃의 씨앗에 대한 정밀 묘사와 함께 시인의 불안한 내적 정서를 절묘하게 병치시키고 있다.

또한 "비상의 본능을 거스르지 못한/ 작은 새 한 마리/ 이 층 거실 유리창으로/ 돌진해 왔다// 단번에 날갯짓을 멈춘 새는/ 신음도 없이/ 재빨리 생을 비워내고/ 영혼의 자유를 찾아/ 멀리 떠났다"(「하늘로 떠난 작은 새」)는 투명한 유리창을 인지하지 못하고 정면으로 날아갔다가 죽은 작은 새를 통해, 버거운 생을 비워내고나서 오히려 '영혼의 자유'를 찾아 떠났다는 역설적인 이야기로, 삶과 죽음에 대한 통합적 인식이 바탕에 흐르고 있다.

식물이나 새 이야기뿐만 아니라, "꼬리로 채찍질하며 질주하는 얼룩말/ 아지랑이로 어룽거리고/ 햇살에 빛나는 갈기/ 실크 머플러처럼 날린다// 온몸에 두른 보호색 줄무늬도/ 강건한 다리로 창 같이 찍고/ 탄탄한 엉덩이로 방패처럼 막아도/ 떼어내지 못하는 숙명"(「얼룩말」)처럼 동물을 시적 질료로 삼아 그린 작품들에서도 만만치 않은 내공이 엿보인다. 얼룩말이 초원에서 제아무리 멋들어지게 달려도 결국 사자 밥이 될 수밖에 없다는 이야기인데, 인간 세상의 약육강식의 논리, "먹이사슬의 비정함"을 다소 유머러스하게 표출한, 알레고리적 성격의 작품이다.

김정필 시인은 이처럼 실로 다채롭고도 다양한 시적 탐색을 보여주고 있어서, 앞으로 기억의 재구성을 통해 내장하고 있는 시적 모티프를 어떤 방식으로 발현해 나갈지 자못 궁금해진다.

　　어느 비평가가 시는 발견의 해석학이라고 말했다. 시는 산문처럼 풀어서 다 이야기하지 않고 압축적으로 보여주기 때문이다. 독자뿐만 아니라 시인 역시 마찬가지다. 어떤 평범한 사물을 보고서도 새롭게 인식할 수 있는 발견의 감각을 지녀야 한다. 필자가 구십여 편의 가까운 시편들을 검토하면서 느낀 것은, 김정필은 탁월한 직관을 지닌 시인이라는 점이다.

　　이상으로 김정필 시인의 작품세계를 내 나름대로 검토해 봤다. 요컨대 그녀의 시 세계는 한국 현대시의 전통적 맥을 잇는 여성편향적 그리움과 더불어, 이 땅의 여성들을 비롯하여 소외된 타자로 살아야 했던 변방의 사람들에 대한 무한한 애정, 역사나 사회에 대한 지적 탐색 등이 주된 세계관을 이루고 있다. 또한, 동서양을 오가는 풍부한 현장 체험을 바탕으로 인문학적 사유가 접목되어 형성된 생에 대한 깊은 성찰 등도 빼놓을 수 없다. 이와 같은 김정필 시인의 시적 탐구가 피폐한 이 시대에 작은 불꽃이 되어 계속 번져 나가기를 바란다.

see in 시인특선 063

**김정필 제2시집**

## 시간을 지워도 그리움은 남는다

**제1쇄 인쇄**  2022. 3. 5
**제1쇄 발행**  2022. 3. 10

**지은이**  김정필
**펴낸이**  서정환
**엮은이**  민윤기
**펴낸곳**  문화발전소
서울시 종로구 삼일대로 32길 36 운현신화타워 305호
월간시 편집국 : 서울시 종로구 종로 1가 르메이에르 종로타운 1031호
Tel 02-742-5217  seepoet@naver.com

ISBN 979-11-87324-89-8  04810
ISBN 979-11-953101-1-1 (세트)

값 12,000원

ⓒ 2022 김정필
PRINTED IN KOREA

\*저자와의 협약에 따라 인지는 생략합니다.
\*파본 및 제본이 잘못된 책은 구입서점에서 교환하여 드립니다.
\*이 책은 저작권법에 의하여 보호받는 저작물이므로
 이 책의 전부 또는 일부를 재사용하려면
 반드시 문화발전소와 저자의 허락을 받아야 합니다.